CONSULTAS
PARA LOS
afligidos

Leonor Isabel

CONSULTAS
PARA LOS
afligidos

Una novela para sanar el alma

PANORAMA
narrativa

Consultas para los afligidos
Una novela para sanar el alma
Leonor Isabel

Primera edición: Producciones Sin Sentido Común, 2019

D. R. © 2019, Producciones Sin Sentido Común, S. A. de C.V.
Pleamares 54, colonia Las Águilas,
01710, Ciudad de México

Teléfono: 55 54 70 30
e-mail: ventas@panoramaed.com.mx
www.panoramaed.com.mx

Texto © Leonor Isabel
Fotografía portada © Sveta Aho usada para la licencia de Shutterstock.com

ISBN: 978-607-8469-68-0

Impreso en México

Daddy, Luis, Mariana y Nadia,
los amo eternamente.

Índice

El nacimiento

El día que Rosario dio a luz a su tercer hijo fue todo un sube y baja emocional. ¿Cómo inició? El parto estaba calculado para mediados de abril y cuando ella empezó a sentir contracciones muy fuertes, de ésas que dan de vez en cuando el último trimestre del embarazo, era apenas la mañana del 14 de febrero. Cuando se dio cuenta que la cosa arreciaba, mandó a la chamaca que tenía como ayudante doméstica a que le hablara a Efrén, su marido, quien salía desde las cuatro de la mañana para el establo, del cual la familia se mantenía con la venta de leche, queso, crema y otros derivados. Después de un cuarto de hora de esperarlo, Rosario decidió mejor tocarle a su vecina, Aguedita. Con toda la pena tuvo que despertarla con los fuertes retumbos de la campana que colgaba tras el portón de la casona.

—¿Quién?

—Tu vecina, Rosario. Aguedita, ábreme. ¡Apúrate!

—¿Qué pasa tan temprano, mujer?

—Se me reventó la fuente y tengo contracciones muy fuertes. Se me hace que este bebé ya va a nacer y Efrén no llega, ya hace rato que lo mandé buscar con la muchacha.

—Vámonos, vámonos luego pa'l sanatorio. Deja echarme un chal encima, ¿tienes alguna maletita preparada?

—Sí, la dejé ya en la entrada.

Como eran las 5:30 de la mañana, a Aguedita se le ocurrió sacar la silla de ruedas que había utilizado su anciano padre, quien seguro en gloria estaba, para llevarse rapidito a Rosario al hospital porque a esas horas no iban a encontrar ni un coche. Lo bueno era que el sanatorio Santa María estaba, a lo mucho, a siete cuadras de distancia.

Esa mañana Rosario dio a luz a una niña sietemesina; pequeña, delgadita, frágil, muy frágil. No había llegado ni a los siete meses de gestación, pesó un kilo y medio y sólo alcanzó 35 centímetros.

Cuando por fin Efrén se apareció en el hospital estaba todo espantado, iba acompañado de la muchacha que lo fue a buscar. El médico de guardia le informó que, debido a la situación, la niña tendría que quedarse en la incubadora por tiempo indefinido. Rosario preguntó al doctor si podía, por lo menos, levantarse para ir a las incubadoras y que le mostraran a su hija unos momentitos. El doctor dio su aprobación siempre y cuando tomara su primer alimento y esperara unas cuantas horas hasta sentirse más fuerte.

—¿Cómo te sientes, mujer? –preguntó Efrén.

—Bien, bueno, adolorida, pero bien. Lo que estoy es un poco preocupada por la niña. Cómo me iba yo a imaginar que iba a nacer antes de los siete meses, pobrecita.

Cuando empezaba a anochecer, Rosario ya no aguantó más y se levantó con ayuda de su esposo para ir a los cuneros. Se acercó a una enfermera y le pidió que la dejaran entrar a las incubadoras para conocer a su hija. La enfermera llamó al doctor de guardia, quien la autorizó y, finalmente, la enfermera puso a la niña en los brazos de su madre por unos momentos. En ese instante, Efrén salió al pasillo para dejarla vivir plenamente ese momento. Rosario miró a su niña y sintió tanto amor, ternura y a la vez tristeza por verla tan lánguida, tan desvalida.

El cuarto que estaba habilitado como cunero tenía prendidos dos tenues focos porque todavía no daban las siete de la noche y estaba apenas oscureciendo, sin embargo, en el momento justo en el que la enfermera le dijo con voz fuerte a Rosario desde el otro lado de la habitación: "Ya es hora, señora, sólo la puede ver unos segundos más", un rayo de luz blanco, blanquísimo, casi cegador, iluminó de lleno el rostro de la pequeña y todo su cuerpo cubierto por las cobijitas y las manos de Rosario.

La asustada madre volteó a ver a la enfermera que le había gritado del otro lado de la habitación, la miró como estática, sin movimiento y así mismo a todo y a todos los bebés que estaban dentro del lugar. Parecía un momento congelado en el tiempo. Entonces Rosario bajó la mirada y sus ojos se encontraron con los de su hija, que parecía un vivaracho bebé llegado a término, con una mirada tan profunda y tan enigmática que un escalofrío, no supo si de emoción o de impacto, le recorrió todo el cuerpo. La mirada le quiso decir algo a Rosario, pero ella no supo, no pudo entender.

Rosario volteó para ver de dónde venía esa luz tan hermosa y penetrante, pero no encontró explicación. No había un tragaluz, ni una ventana, ni un foco cercano ni una lámpara. Y cuando volteó a ver de nuevo a su hija, ya estaba dormida y como inerte, tal cual como se encontraba antes de la inexplicable iluminación. Rosario sintió un vuelco en el corazón y medio asustada le entregó la bebé a la enfermera dándole toda clase de bendiciones. No le contó a nadie de esto, pero nunca en su vida lo habría de olvidar.

Después de tres días, la preocupada madre tuvo que regresar a la casa pues ya sus otros dos hijos la extrañaban y necesitaban mucho. La casa estaba más o menos recogida porque Salomé, la chamaca que le ayudaba, no le tenía miedo al trabajo, era bien jaladora y nada tonta.

Aunque Rosario hacía más falta en su casa, hubiera querido quedarse más tiempo en el sanatorio al lado de su pobre hijita, pero los doctores le dijeron que no tenía mucho caso pues, de cualquier forma, la niña estaría en la incubadora por lo menos una semana; además, podía ir a verla dos veces al día.

Cuando Efrén chico, de cuatro años, y Chayito, de tres, la vieron entrar por la puerta del zaguán, corrieron a abrazarla para que los cargara.

—Tranquilos, niños, tranquilos. Su mamá está muy cansada y necesita reposo.

Y Efrén los cargó hasta la salita de estar donde Rosario ya se había sentado a tomar aire.

—Mami, ¿y dónde está el bebé? –preguntó Efrencito. Y lo imitó después Chayito.

—No la pude traer todavía porque está un poco enferma y muy chiquita. Necesita componerse y crecer un poco más para poder venir a la casa. Ahorita necesita estar en el hospital de niños.

—¿Y le duele? –preguntó Efrencito.

En ese instante a Rosario se le apareció en la mente la imagen del rayo blanco, los ojos de la niña y la gran impresión que le causó.

—No, no le duele nada. Estoy segura de que no le duele nada. Sólo se está tomando su tiempo para salir al mundo.

A los 10 días de estar visitando mañana y tarde a su hija, el doctor que estaba a cargo de los bebés prematuros llamó a Efrén y a Rosario a su consultorio y les dijo:

—Ya pueden llevarse a la niña, ha subido 300 gramos y está respirando bien por sí misma. Habrá que darle cuidados que les van a parecer muy raros, pero los tienen que hacer.

Así, el doctor les explicó que como la niña carecía de fuerza para succionar, tendrían que darle la leche con un gotero, a razón de 10 gotas cada dos horas; ponerla encueradita sobre una cobija en la azotea en horas de sol, volteándola para que todo su cuerpo recibiera los rayos, media hora por la mañana y media hora entrando la tarde; y continúo explicando cómo bañarla y los demás cuidados especiales.

Los preocupados padres se llevaron a la pequeña esa noche a su casa. Habían habilitado hace muy poco el moisés que utilizaron con Chayito, Rosario lo colocó al lado de su buró y puso una mesita junto con todo lo necesario para el cuidado de la niña.

—¡A verla, a verla mamá!

—¡Sí, yo quiero verla, bájala!

Gritaban Efrencito y Chayito cuando entraron los papás con el pequeño envoltorio en brazos. También Salomé, la muchacha de servicio, corrió para ver a la niña y prestar su ayuda. Rosario la colocó sobre la cama y les pidió que se alejaran un poquito por aquello de los contagios de gripe o cualquier otra cosa, que para un niño normal no serían nada, pero para un prematuro podrían ser muy peligrosos. Abrió la primera cobija que cubría su cara, y luego la segunda que cubría su cuerpecito.

—Ésta es su hermanita.

Todos asombrados guardaron silencio.

—¿Verdad que está chula, niños?, ¿verdad, Salomé?

—Bueno, señora, lo que pasa es que yo me la imaginaba muy diferente.

—Pobrecita, mamá. Está muy fea, hasta parece una ratita mojada.

—Parece un viejito, está arrugada y sin carne.

Los ojos de Rosario se llenaron de lágrimas que no dejó caer y Efrén, dándose cuenta, les dijo:

—Bueno, ya. Ya la vieron. Su hermanita está todavía enferma y necesita mucho descanso y cuidados. Salomé, llévatelos a darles de cenar y a dormir.

El afligido y compasivo hombre se sentó en la cama, arropó a la bebé y la puso en manos de su esposa, a quien abrazó y le dijo:

—Ni te fijes, mujer, esta chamaca es más ignorante que uno y los niños qué van a saber de prudencia. La niña se va a poner bien.

Un nombre peculiar

Los amorosos padres pasaron varias semanas dándole a la pequeña todos los cuidados especiales que el médico indicó. Al principio, cuando Rosario ponía el gotero con la leche que sacaba de sus pechos en los labios de la niña, la mayor parte de las gotas se escurrían fuera. Ella volvía a intentarlo y no se detenía hasta que estaba segura de que por lo menos cinco gotas habían entrado por la diminuta boca de su hija. A la semana, ya tomaba las 10 gotas cada dos horas, incluso abría la boquita como pidiendo más. Los baños de sol, al principio, eran un asombro, pero después, una diversión para los hermanitos.

Dos semanas más tarde, Efrén y Rosario llevaron a su hija al médico para que la revisara y les dijera si iba mejorando.

—A ver, póngame aquí a la bebé, por favor. Descúbrala de sus cobijitas. Vamos a pesarla. Dos kilos con 100 gramos. ¡Muy bien! ¿Cómo ha estado durmiendo?

—Bien, doctor, duerme de más. A lo mejor por lo débil o no sé, pero se pasa la mayor parte del tiempo durmiendo. Yo luego hasta me espanto y pienso que ya se me murió de lo quieta que está por horas.

—No, señora Rosario, no se asuste. La niña va bien, sus pulmones se escuchan mucho mejor y tiene más peso, poquito más, pero ya es algo. Cuando está despierta, ¿cómo la nota, abre mucho los ojos, reacciona a sus palabras, a sus caricias?

—Casi no los abre, doctor, y no reacciona mucho.

—Bueno, es muy poco tiempo. Vamos a seguir haciendo lo mismo, pero ahora dele 20 gotas de leche cada tres horas.

—Doctor, como es tan poquita la que me estoy sacando, ya casi no tengo.

—Bueno, no se preocupe, complétele con esta fórmula que le voy a anotar aquí en la receta. Es cara, eh. Y, por cierto, ¿cómo van a llamar a la niña?

Los dos se voltearon a ver desprevenidos. Con tanto cuidado para lograr que su hija viviera, no se habían puesto a pensar en el nombre. De repente, Rosario contestó con voz firme:

—María, doctor. ¡María!

Efrén la miró desconcertado, y él mismo le preguntó a Rosario.

—¿María?

El doctor, quien notó el asombro del padre acerca de la repentina decisión de Rosario, trato de suavizar la situación.

—María ¿qué? María de los Ángeles, María del Carmen, María Elena. Ya ven que hay miles de nombres para conjugar con María.

Rosario contestó:

—No sabemos bien todavía con qué otro nombre lo vamos a combinar, doctor, pero se va a llamar María.

≍

Para cuando la niña había cumplido los cuatro meses, ya la habían dado de alta, sólo con la recomendación de poner mucho cuidado en sus horas de alimento y darle la fórmula más cara y vitaminada que había en el mercado. La pequeña ya succionaba su mamila como cualquier bebé y aunque seguía siendo sumamente pequeña y delgadita para su edad, su comportamiento y su salud fueron considerados por los médicos como normales por completo. "La talla y el peso ideales los alcanzará con el tiempo", puntualizaron los doctores.

La familia era una segunda generación de provincianos emigrados a la capital. Con mucha frecuencia Efrén pensaba en tiempos pasados, en el pueblo que había dejado atrás hacia ocho años. Muy seguido le llegaba también la melancolía cuando recordaba el día en que les avisaron que a su padre lo habían matado en un pleito de cantina y cómo vivió lleno de ansias y rencor los últimos años de su adolescencia. Apenas cumplidos sus veinte años, él y su hermano Carlos se casaron y decidieron emigrar a la capital. La reacción de doña Josefina, la madre, fue poner en venta lo más rápido posible la casa, la huerta y los animales de la familia. Ella no iba a permitir que sus hijos la abandonaran, si ellos se iban, ella también. Con el dinero de las ventas decidió heredar a sus vástagos en vida y así ella y su hijo mayor, Carlos, compraron dos apartamentos grandes y ventilados, aunque en un edificio viejo, muy cerca del centro. Efrén decidió no estar tan próximo a su madre y logró trasladarse a un establo grande y bien aclientado en una colonia popular al sur de la ciudad. Endeudándose un poco con un hermano de su padre pudo también hacerse de una casa a unas cuadras del establo, no era nueva ni muy bonita, pero tenía tres recámaras y un buen patio para que sus hijos corrieran y jugaran, cuando los tuviera. Él y Rosario trajeron sus muebles y enseres del pueblo para no gastar en eso, y así Efrén tuvo suficiente para comprar un buen televisor, que tan de moda estaba, un pequeño refri y hasta mandó colocar una línea telefónica que serviría, sobre todo, para mantener alejada a su dominante madre, así recibiría sus llamadas, aunque fueran diarias, eso era mucho mejor que tenerla en casa todos los días dándole instrucciones a Rosario de cómo debía ser una buena esposa y ama de casa.

Pero ahora el presente era lo que importaba, y con la bebé mejorando la vida iba volviendo a la normalidad. Efrén y Rosario ahora tenían que sacar adelante a tres hijos. Efrén chico, que cada día se ponía más hermoso según los parientes y amigos, robusto, alto, con el pelo ondulado color avellana –de su padre– y los ojos grandes y color miel –como los de su madre–. Luego Chayito, de buena complexión, blanca como la leche, con el pelo café cenizo y los ojos verdes y almendrados, se parecía a la abuela paterna. Y ahí estaba la pequeña de la familia, que todavía no tenía nombre, aunque ya estaba por cumplir el año. Tan delgadita que parecía que iba a romperse, tan pequeñita que parecía de seis meses de edad. Su pelo era escaso y castaño oscuro; su cara, finita; sus ojos, ni grandes ni chicos, del color de la noche. Sinceramente, no podría decirse –y, de hecho, nadie lo hacía–, que fuera una niña bonita.

—Efrén, la niña ya va a cumplir el año y no le hemos ni registrado ni bautizado.

—Tienes razón, es que después de todos los meses de descontrol que tuvimos con incubadoras, doctores, baños de sol en la azotea y la leche ésa tan cara que le mandaron, la situación en el establo se me descontroló. Lo descuidé mucho y ya no saco lo que antes. No sé qué hicieron mis sobrinos, a los que les encargué que me ayudaran cuando me salía. Cabrones, se me hace que nomás estuvieron robe y robe.

—Bueno, pero ya tenemos que bautizarla, aunque sea algo sencillito, nada más con los familiares más cercanos.

—¿Y cómo le vamos a poner?

—María.

—¿Sigues con eso? ¿María qué? ¡Ah, ya sé! María Josefina, como mi madre, o bueno, si no quieres, pues entonces María Concepción como mi tía y le decimos Conchita.

—Ya veremos, pero ya voy a empezar a preparar todo para bautizarla.

Rosario hizo que concordaran el día del cumpleaños de su tercera hija con el del bautizo, se le hacía una fecha bonita: 14 de febrero, día de san Valentín, valiente sacerdote de la época de los romanos quien, cuenta la leyenda, se atrevía a casar a las parejas de jóvenes enamorados a pesar de la prohibición del emperador, que quería a los varones solteros porque eran mejores soldados si no tenían compromiso alguno. El santo hombre acabó encarcelado y ejecutado por esta osadía. Y no faltó, siglos más tarde, el vivo comerciante a quien se le ocurrió que en este día la mejor forma de demostrar el amor era comprando flores, tarjetas y regalitos para el ser amado.

—¡Qué bonita iglesia escogieron para el bautizo, hijo!

—Sí, mamá, pero más bien la escogimos porque está cerca de la casa.

—Y qué chula se ve la niña con su ropón, aunque le queda todo grandecito.

Así se sucedían los comentarios de los amigos y parientes que debajo de sus halagos y cortesías escondían su lástima y asombro por la pequeñez y la lánguida apariencia de la bautizada.

—¿Y cómo se va a llamar la niña, hija?

—María.

—¿María qué?

—Es una sorpresa, mamá.

Todos los invitados, con sus mejores galas matutinas, estaban sentados en las bancas del frente de la pequeña iglesia cuando salió de la sacristía el padre Porfirio para ir a la entrada y traerse detrás de él a los papás y a los padrinos en una parsimoniosa caminata hasta la pila bautismal. Entonces, empezó la ceremonia con emotivas y elocuentes palabras hasta que llegó el momento en que pidió a los papás y a los padrinos que acercaran a la niña a la pileta y le dieran la conchita, acostumbrada en estas ceremonias para echarle el agua al bautizado en la cabeza, y que estuvieran preparados también con la toalla.

Y así llegó el momento en que el padre Porfirio dijo las esperadas palabras:

—Yo te bautizo…

Volteó a ver a Rosario y a Efrén y, un poco apenado por no haber preguntado al principio de la ceremonia, dijo:

—¿Cómo se va a llamar la niña?

—María de los…

Contestaba Efrén cuando Rosario lo interrumpió con una fuerte voz y dijo:

—María Iluminada, padre.

—¿Cómo?

Preguntó el sacerdote. Y Efrén y los padrinos trataron de decirle algo a Rosario, pero ella no escuchó nada y repitió de manera enfática:

—María Iluminada, padre.

Por aquí y por allá empezaron los murmullos entre los invitados.

—Ya entendí, hija. Yo te bautizo, María Iluminada, en el nombre del Padre, del Hijo y del Espíritu Santo, amén.

Y así prosiguió el bautizo con el asombro de algunos, el desconcierto de otros y la molestia de Efrén que se sintió engañado por su mujer con respecto al nombre de su hija.

><

Durante la fiesta y los meses siguientes Efrén se la pasó reclamándole a Rosario y preguntándole el porqué de su decisión.

—Pero ¿cómo se te ocurrió, mujer? Está bien que uno sea creyente de Dios y de la santa iglesia, pero no hay que exagerar. ¡Ese nombre parece el de una parroquia!

—Yo sé mis motivos.

—¿Qué no pensaste en la niña? ¿Cómo le van a decir?

—Yo conozco mis motivos.

—¿Y cuáles son?

Y de ahí nunca la sacaba Efrén. Con el paso del tiempo él y los dos hermanitos de María Iluminada intentaron llamarla Malú, "ma", de María, y "lu", de iluminada, pero la niña no hacía caso. Luego, el papá les dijo a los niños que la llamaran Mary, y tampoco. La pequeña sólo atendía cuando la llamaban por su nombre completo: María Iluminada.

En preprimaria

Con el paso del tiempo, María Iluminada actuaba como una niña normal, excepto que era extremadamente tranquila y observadora. Nunca lloraba, aunque tuviera hambre o frío. Y su tamaño y peso siempre eran muy bajos comparados con los de otros niños de su edad.

Rosario sentía en su corazón algo muy raro, pero no sabía exactamente qué, era una mezcla de preocupación, tristeza, ansiedad y culpabilidad. No le decía nada a nadie y trataba de comportarse como siempre había sido, una mujer alegre y amorosa.

Cuando María Iluminada cumplió tres años, Rosario le hizo una fiesta con gran esmero. Preparó unos guisados exquisitos para tacos, horneó un pastel que Chayito le ayudó a decorar y compró una piñata que llenó con los mejores dulces. También dispuso mesas y sillas alrededor del patio de la casa y las adornó con serpentinas, confeti, gorritos, silbatos y todo lo que sirviera para que María Iluminada se sintiera agasajada y feliz. Al festejo llegaron muchos amigos y primos invitados, que más bien eran de las edades de Chayito, que ahora tenía seis años, y de Efrén chico, que tenía siete, ya que como María Iluminada todavía no iba a la escuela aún no tenía compañeritos a quien invitar. A pesar del trajín y de estar atendiendo a los invitados con la ayuda de Salomé,

Rosario no podía evitar escuchar los comentarios de los papás de los niños.

—¡Pobrecita niña, está cumpliendo tres, pero parece de año y medio!

—Sí, ¡está tan chiquita!

—Se ve muy débil. Hasta le veo la pielecita como azul.

—Pobre de Rosario, lo que ha de sentir al verla.

—Dicen que nació muy prematura porque no se cuidó por atender a los otros niños.

Rosario ya no pudo más y a la hora de la piñata, que Efrén se encargó de organizar, se metió al baño y sentada en el retrete comenzó a llorar. Ahí decidió que no tenía por qué exponer a su hija o a ella a situaciones como ésa. Y que iba a criarla con una férrea protección en el universo de su amor incondicional.

✖

Cuando Efrén salía para el establo, y de paso dejaba a los otros dos niños en la escuela, María Iluminada se quedaba con su madre y Salomé. Era una niña muy peculiar, callada y reflexiva, cada vez que alguien la miraba ella sonreía. Aprendió asombrosamente rápido a ir al baño, antes de los dos años. Ahora que había cumplido tres, la variedad de su vocabulario y la claridad con la que hablaba correspondían a las de una niña de cinco o seis años. Y su vocecita era suave y pausada.

Mientras Rosario le daba indicaciones a Salomé acerca de la limpieza y ella se avocaba a preparar la comida, sentaba a la niña en un sillón de la sala rodeada de muñecas, jueguitos de té, pelotas de goma y demás juguetes para que se entretuviera. María Iluminada se levantaba del sillón y se iba directo al pequeño estante de madera que su madre había colocado junto al comedor para que los niños tuvieran ordenados sus libros y materiales escolares cuando se sentaran a hacer la tarea. Tomaba alguno de los libros de la repisa más baja y se lo llevaba junto con un cuaderno y lápices de colores de vuelta al sillón. Hojeaba los libros despacio y quedaba como hipnotizada por las letras y las imágenes que veía. A ratos ponía el cuaderno en sus piernas y garabateaba o dibujaba con los colores. La primera vez que Rosario se dio cuenta quedó muy sorprendida

—¿Y ese libro, mi niña?

—Lo traje del librero.

—¿No te gustan los juguetes que te puse?, ¿quieres que te traiga un cepillo y mis pinturas para que arregles bien bonita a tu muñeca?

—No, mami, este libro me gusta mucho.

—Pero es de Chayito, es de preprimaria. A ver, tiene dibujos muy difíciles para ti.

—A mí me gusta mucho.

—¿Y qué dibujas en ese cuaderno?

—Las letras.

—¿Las letras?

—Sí, las vocales, y también los números, para practicar.

—Ah, muy bien. ¿Me dejas verlos?

—Mira.

—¡Uy, qué bien te quedan! Y, ¿quién te dijo que ésas eran letras?

—Yo sé, mami, con ellas se forman las palabras.

—Ah, entonces tus hermanos no te lo enseñaron.

—No, yo ya lo sabía, pero tengo que practicar.

Y María Iluminada siguió dibuje y dibuje mientras Rosario volvió a la cocina sin saber qué pensar. Decidió seguir observando a su hija sin decirle nada a nadie, ya que sabía que no la entenderían y saldrían con la misma cantaleta de siempre: "Te preocupas mucho por esa niña, te vas a enfermar de los nervios".

≫≪

Para cuando María Iluminada cumplió los cuatro años, Rosario decidió inscribirla en el jardín de niños. No lo había hecho antes, como con sus otros dos hijos, porque veía que su hija tenía una complexión muy delicada y le preocupaba que los otros niños la pudieran lastimar jugando.

María Iluminada seguía siendo una niña muy menuda a pesar de los intentos que el doctor hacía cada tres meses, cuando Rosario la llevaba a consulta, cambiándole las vitaminas y los suplementos. Por más que su madre trataba de alimentarla, la niña no era muy afecta a la comida, comía poco y sólo de lo que le gustaba, especialmente frutas, verduras y cereales. El color azulado que su piel tenía durante los primeros meses de vida y que parecía haberse compuesto, aparecía de vez en cuando.

Rosario por fin la inscribió en el jardín de niños, no sin antes darles a las maestras todo tipo de recomendaciones para el cuidado especial de su pequeña hija. María Iluminada estaba feliz.

—Así estás muy bien arregladita para tu primer día en la escuela, mi niña.

—Gracias, mami.

En eso estaban cuando Salomé entró a la recámara de Rosario.

—¿Por fin la va a dejar de cuidar como si fuera de cristal, señora?

—¡Ay, no te metas, Salomé! Si no creas, estoy bien preocupada, con tanto niño latoso corriendo por el patio, no la vayan a tirar o a lastimar.

María Iluminada sentada en el tocador la miró con ternura y le dijo:

—Mami, es tiempo de que salga, es que aquí no puedo
desarrollarme.

Salomé y Rosario se quedaron viendo la una a la otra. La
asombrada madre no tuvo la menor idea de qué contestar o
a qué se refería su pequeña. María Iluminada estaba feliz de
asistir a la escuela. Cuando Rosario la recogía al mediodía,
la niña le contaba sobre los compañeros, cómo se llamaban,
cómo se portaban, que decían, si lloraban, si peleaban, y
hasta hacía comentarios analizando las situaciones que vivía. Aunque Rosario ya estaba acostumbrada a la capacidad
de observación de la niña y a su facilidad de palabra, no dejaba de admirarse con lo que escuchaba ahora que la había
sacado al mundo.

—Y de lo que te enseña tu maestra, ¿qué me puedes contar, mi niña?

—Nada, no me enseña nada.

—¿Cómo que no te enseña nada? Y ¿los dibujos tan bonitos que traes y los trabajos con frijolitos y coditos que pegas
en las cartulinas?

—Ésos los hago para divertirme y que la maestra no se
vaya a enojar, pero no estoy aprendiendo nada.

A partir de este punto, Rosario ya no sabía por dónde llevar la plática y cambiaba el tema de conversación. El viernes
que María Iluminada terminaba la segunda semana de escuela, la directora la mandó llamar a la hora de la salida.

—A sus órdenes, maestra.

—Por favor, deje a la niña jugando ahí afuera. Serán sólo
unos minutos.

—¿Qué pasa? ¿Se ha portado mal?

—No, señora, su hija nunca se porta mal. Es otro tipo de
problema el que estamos enfrentando, mire.

Y la directora extendió sobre su escritorio seis hojas de papel en las que había letras y números repetidos muchas veces, después palabras simples, pero perfectamente bien escritas y dos cartulinas llenas de dibujos que parecían hechos por una niña de primaria.

—Están muy bonitos, maestra.

—Es el trabajo de su hija en clase, señora Rosario.

—Pues sí, están muy bonitos.

—Esto no es lo que se hace en la clase, no es lo que la maestra le ha estado enseñando a María Iluminada. Los pequeños de kínder trabajan pegando pedacitos de serpentina, de pasta, frijolitos o dibujando con crayolas de colores. Sus trazos son muy sencillos y no ven nada de letras, cuando mucho llegan a trazar los números del uno al cinco.

—Ya veo, maestra.

—Lo que su hija hace es lo que están aprendiendo los niños de primero de primaria. ¿Ustedes le han enseñado?

—No, maestra, para nada.

—¿Se había usted dado cuenta de lo avanzada que está su hija para tener cuatro años de edad?

—Sí habíamos visto que prefiere ver los libros de sus hermanos mayores en vez de jugar con muñecas o trastecitos, y que toma cuadernos usados de sus hermanos y se pone a copiar las letras de los libros, pero...

—¿Ustedes pensaban que eso era normal?

—Pues sí, que es una niña diferente, a lo mejor muy lista.

—Pues sí, señora, sí es una niña diferente. No soy una experta en el tema, pero por lo que yo veo su hija es más inteligente que el resto de sus compañeros.

—¿Y eso es un problema?

—Sí y no. Sí, porque la pequeña no puede convivir con niños de su edad, bueno, sí puede, pero creo que se aburre. Además, en la escuela debería asistir a un grado más elevado donde realmente aprenda, pero conviviría con niños mucho más grandes, en edad y tamaño. Y no, porque el que su hija tenga esa capacidad es una maravilla, puede llegar a ser una persona que logre grandes cosas en su vida. Es para estar orgullosa, señora. ¡A lo mejor tiene usted en casa un geniecillo!

—¿Y qué vamos a hacer, maestra?

—La voy a pasar a preprimaria temporalmente, a ver cómo se desenvuelve con los otros niños. Y vamos a poner especial atención para cuidarla en el aspecto físico, ya ve que es tan pequeña y delgadita. Yo le mando llamar la semana que entra para comentarle cómo va todo.

—Muy bien, maestra. Muchas gracias por estar al tanto de mi hija. Yo espero su recado.

No te preocupes, mamá

—Estenosis valvular pulmonar.

—¿Qué es eso, doctor?

Preguntó Efrén al cardiólogo que su doctor familiar le había recomendado para que llevara a María Iluminada después de haberla examinado uno de esos días en que la coloración azul de su piel se había hecho más que notable. Este nuevo doctor le había hecho varios estudios a la niña y así llegó a su diagnóstico.

—Bueno, señores, la estenosis valvular pulmonar es un defecto congénito, es decir, de nacimiento, y básicamente consiste en que está estrecha la válvula que permite que la sangre oxigenada pase de la cavidad inferior derecha del corazón, a la que le llamamos ventrículo derecho, a los pulmones Por lo tanto, el corazón hace más esfuerzo de lo normal y podría empezar a agrandarse. Esa coloración azul de la piel de su hija se debe a que su organismo, por momentos, no recibe suficiente sangre rica en oxígeno.

—¿Es grave, doctor?

—La estenosis de su hija es moderada, por eso su piel no está siempre azul, sino sólo de manera esporadica. Este defecto congénito también influye en su apetito y en su tamaño pequeñito y su peso bajo. Pero si la válvula se volviera mucho más estrecha, sería muy grave para su hija y tendríamos que realizarle una cirugía a corazón abierto. Espero que esto no suceda porque las condiciones físicas de su niña no la hacen candidata a dicha operación. Hay otro tratamiento menos invasivo y riesgoso que se llama cateterismo y que consiste en meter una sonda a través del cuerpo de su hija hasta llegar a esa válvula y tratar de agrandarla. Con cualquiera de los dos procedimientos se compondrá el problema, pero eso no significa que dicha válvula no vuelva a estrecharse con el tiempo.

—¿Y entonces qué vamos a hacer, doctor?

—Por ahora, les sugiero no hacer nada. Alimentarla bien. Cuidarla de los golpes. No obligarla a hacer ejercicio fuerte, sólo el juego normal de un niño. Lo que ella pueda y quiera hacer. No recomiendo la cirugía porque la estenosis de su hija es moderada, se pone azulita de vez en cuando, pero vuelve a la normalidad con rapidez. Y sopesando las opciones, en verdad creo que es mucho más alto el riesgo de una intervención quirúrgica.

—¿Se puede morir en cualquier momento, doctor, se le puede parar su corazón? –preguntó angustiada Rosario.

—Todos nos podemos morir en cualquier momento, señora, y a cualquiera se nos puede parar el corazón de repente. Mientras la sangre logre pasar por esa valvulita, ella estará bien, pero quise que supieran que su piel se pone azul a causa de ese defecto congénito. Ahora, como ya les expliqué, déjenla vivir en paz y cuídenla mucho. No le voy a recetar medicinas. Déjenla ser una niña feliz, a su manera.

≫≪

María Iluminada continuó su vida asistiendo a preprimaria con niños dos años más grandes que ella. En cuanto a su salud, salvo por su poco crecimiento y aumento de peso y las eventuales fatigas y coloraciones azules de su piel, todo era normal.

En el jardín de niños las características mentales y físicas de la niña se habían vuelto una murmuración constante entre maestras, padres de familia y los mismos chiquillos. Había quienes la admiraban, quienes se asombraban y quienes se burlaban de ella.

Las mismas preguntas se repetían y repetían:

—Oye, Mary.

—Me llamo María Iluminada.

—Es un nombre muy largo, ¿por qué mejor no te decimos Mary o Ilu?

—Porque mi nombre es María Iluminada.

O estas otras:

—¿Y por qué si tienes cuatro años vas en prepri?

—¿Cómo le haces para saber lo que hacen los de prepri si eres más chica?

—¿Por qué estás tan enana? Yo tengo una hermanita de tres y es más grande que tú.

—Te ves como azul, ¿estás enferma?

—Dicen mis papás que eres una niña genio, ¿sí es cierto?

—Mi maestra nos dijo que tú no eres una niña normal, ¿de veras?

—Eres rara. ¡Guácala!

María Iluminada hacía caso omiso a todas estas preguntas y comentarios de sus compañeros, y cuando le insistían mucho, sonreía amablemente y contestaba:

—Sólo soy diferente.

De entre todos los niños de su salón María Iluminada había entablado amistad con Esperanza, a quien las maestras decían Pelanchita, una niña tranquila, sensible y muy inteligente en quien María Iluminada despertaba gran admiración.

—Oye, María Iluminada.

—¿Qué pasó, Pelanchita?

—Porqué cuando todos esos mocosos te molestan no los acusas con la maestra o les contestas feo para que te dejen en paz. Podrías acusarlos con tus papás para que vinieran a hablar con la directora y los regañara. ¿Te da miedo porque estás pequeñita?

—No, Pelancha.

—Entonces, no te preocupes yo estoy alta y fuerte. ¡Si quieres, yo me los pongo en su lugar por ti!

—No. No puedes combatir fuego con fuego porque todos resultan quemados.

—¿Qué?

—Que no debes contestarle mal a quien te trata feo porque se crea un círculo interminable donde nada se gana y todos salen perdiendo.

—No entiendo.

—Donde está oscuro basta un rayito de luz para que la obscuridad se acabe, no puede resistirse.

—María Iluminada, te quiero mucho, manita, pero hablas muy raro.

—Ya lo entenderás, tú no me defiendas. No pelees con los niños. Haz de cuenta que no los oyes. Y no te apures por mí, yo estoy feliz y tranquila. Gracias de todos modos, Pelanchita.

⊱⊰

María Iluminada terminó la preprimaria con la mejor calificación de su grupo y, aunque ella ya sabía leer y escribir con fluidez, aparentó un nivel sólo un poco más avanzado que sus compañeros para evitar más chismes que hirieran a sus padres.

Durante las vacaciones de verano, Efrén decidió llevarse a la familia a que conociera el mar. Desde el nacimiento de

María Iluminada, se daba cuenta de que su mujer había cambiado, se había vuelto más nerviosa y a veces se veía tan melancólica que llegó a pensar que estaba deprimida. Además, era extremadamente sobreprotectora con la niña. A sus otros dos hijos los amaba y los cuidaba con fervor, pero su atención en la niña parecía una obsesión.

Llegaron a un hotel decoroso situado frente a la playa. Desde el primer instante Efrén chico y Chayito –ahora de nueve y ocho años, respectivamente– se pusieron sus trajes de baño y se metieron a la pequeña alberca. Efrén, que algo sabía nadar, se metió con ellos para cuidarlos y Rosario, después de deshacer las maletas, bajó con María Iluminada para sentarse en uno de los camastros y observar a su esposo y a sus hijos divertirse de lo lindo. Rosario no sabía nadar y tampoco se sentía de humor para nada.

María Iluminada, de cinco años, iba enfundada en un trajecito de baño con rayas rosas que su madre le había comprado días antes.

—Mi niña, ¿quieres meterte al agua con Chayito? Tu papi te puede ir enseñando a nadar ahí en lo bajito.

—No, mami, por qué no me llevas mejor allá, a la bardita junto a las escaleras para que podamos ver el mar.

—Ándale, vamos. Qué grande y qué bonito, ¿verdad?

—Muy bonito, mami. ¿Te fijas que nunca es igual?

—¿Cómo que nunca es igual?

—Ajá, fíjate bien en las olas. Velas y después cierra los ojos un momento, vuélvelos a abrir y míralas de nuevo. ¿Verdad que nunca es igual?

Rosario, aunque estaba desconcertada lo hizo por complacer a su hija. Claro que consideró que ninguna vista era igual a la otra. Pensó: "En qué clase de cosas se fija esta niña". Y por curiosidad le preguntó:

—¿Y por qué te fijas en eso, mi niña?

—Porque es igual que la vida, mamá. Nada es siempre igual. A veces parece que sí, pero en realidad todo está siempre cambiando.

—¿Cómo qué?

—Nosotros, mami. Por ejemplo, nuestro cuerpo, nuestras ideas, lo que hoy nos gusta después ya no, las situaciones, buenas o malas también cambian. Todo siempre se está moviendo.

Rosario ya no quiso seguirle preguntando, porque ya le había pasado que se adentraba tanto por donde la iban guiando las respuestas de su hija que llegaba un punto en el que de verdad no sabía de qué estaba hablando y no quería perder su jerarquía de madre con la niña y quedar siempre como una ignorante.

Nadaron, pasearon, comieron mariscos, y por la noche los niños se quedaron dormidos más temprano de lo usual por tanto ir y venir.

—Ah, qué gusto me da que los muchachos se diviertan tanto con lo que uno les puede dar.

—Sí, están maravillados. Muchas gracias, Efrén, eres muy buen padre.

—¿Y esposo?

—También, gordito.

—Pues yo te sigo viendo cambiada, Rosario, creo que ya no eres la muchacha alegre y cantadora de la que yo me enamoré.

—Será porque ya no soy una muchacha, sino una esposa y mamá de tres hijos.

—No, Rosario. Después de casada seguías siendo igual, cuando nació el pequeño y también cuando llegó Chayito. Haciendo memoria creo que empezaste a cambiar en cuanto nació María Iluminada, ¿por qué?

—No sé a qué te refieres.

—A que desde que la niña nació te volviste preocupada, nerviosa, melancólica… Es una niña especial, pero yo la acepto tal y como es. Es diferente pero no para mal, sólo diferente.

—Tú sabes que está enferma, Efrén.

—No, no está enferma, tiene una condición distinta, pero hasta ahora va bien, se desarrolla a su manera y es tan inteligente que las maestras ya no saben qué hacer con ella. ¿Tú qué problema le ves, mujer?

—Me siento culpable, gordo, preocupada de que en cualquier momento se me vaya a morir, de qué va a ser de ella tan fragilita.

—Culpable de qué. María Iluminada nació así porque Dios así la hizo. Y seguro vivirá muchos años, a su manera y como ella es.

Aunque no lo logró, Efrén siguió tratando de animar a su mujer, hasta que ambos se quedaron dormidos.

Amaneció y Rosario se levantó muy temprano, ya que últimamente no podía dormir más de cinco horas. Toda la familia seguía dormida y ella aprovechó para entrar al baño y arreglarse. Cuando salió, revisó las camitas de los niños y se dio cuenta de que María Iluminada no estaba. Rosario, alarmada, revisó si estaba abierta la puerta del balcón, pero estaba bien cerrada, miró debajo de las camas y nada. Se puso las chanclas de prisa sintiendo que el corazón se le salía del pecho. Buscó por el pasillo, bajó las escaleras corriendo y llegó hasta la recepción.

—Señorita, señorita. ¿No ha visto a una niña como de cinco años? No, bueno, en realidad parece como de tres. Es delgadita, de pelo negro, cortito. Trae una camiseta de dormir rosa.

—No, señora, por aquí no la he visto pasar, ¿quiere que le ayudemos a bus…?

Y antes de que terminara de hablar, Rosario ya se había ido corriendo hasta la alberca imaginándose lo peor, en su mente ya veía a su pequeña ahogada.

—¡María Iluminada, María Iluminada!

Gritaba Rosario con las lágrimas corriendo a borbotones por sus mejillas. Revisó en la alberca y le preguntó al hombre que la estaba limpiando con una red.

—No, señora, no ha venido nadie. Además, no se permite la entrada a la alberca antes de las ocho de la mañana.

Rosario corrió por los jardines y entró al restaurante que apenas estaba abriendo. Hizo la misma pregunta con la misma desesperación y la respuesta también fue semejante. "¡Ay Dios mío, por favor!", imploraba Rosario con los ojos cerrados y una mano sobre la frente pensando qué hacer. Entonces le vino a la mente una imagen: ¡el mar! El mar que tanto le había fascinado a su hija. Y salió corriendo por los jardines rumbo a las escaleras que bajaban a la playa.

Corrió, preguntó y siguió corriendo y preguntando a todos los que veía. Cuando llegó hasta la playa desierta fue que vio a María Iluminada sentada en la arena, con los ojos cerrados y la carita dando para el mar. Otra vez corrió para abrazarla, para agarrarla, para sujetarla, para no dejar que el mar se la llevara.

—¡Mi niña, mi niña!

Gritaba llorando y abrazándola lo más fuerte que podía. María Iluminada abrió los ojos y la miró con ternura. Cuando Rosario se encontró con su mirada, un escalofrío le recorrió el cuerpo y le vino a la mente el día, hace más de cinco años, en que la cargó por primera vez en los cuneros del hospital.

—¿Qué pasa, mami?

No podía responder ni articular palabra alguna. Pensaba que debía gritarle, y mucho, regañarla, preguntarle por qué estaba ahí, por qué se había salido del cuarto sin avisar, pero no pudo. No pudo porque todo el espanto, todos los nervios, todo el miedo que traía se habían esfumado de repente. Colocó a María Iluminada sobre la arena, sentada como estaba y se sentó a su lado.

—Quería meditar, mamá.

—¿Qué dices?

Hay que tomar en cuenta que a finales de los años sesenta los términos de filosofía oriental no tenían mucha difusión. Además, Rosario era una mujer con poca preparación académica y había sido criada dentro de la más ortodoxa instrucción católica.

—Mami, es no prestar atención a nada de lo que está a tu alrededor. Dejar de pensar, poner tu atención hacia adentro y enfocarla en Dios. Esto te da paz y alegría. Mira, siéntate como yo.

Aún desconcertada, Rosario se dejó llevar por las palabras de su hija y siguió sus instrucciones.

—Ahora no pienses en nada.

—¿Y cómo le hago?

—Te voy a decir un truco. Pregúntate a ti misma mentalmente: "A ver, ¿en qué estoy pensando?" Verás que no vas a pensar en nada. Cuando sientas que todo se pone en blanco, trata de quedarte ahí.

Rosario iba siguiendo las indicaciones de María Iluminada.

—Después, respira profundamente por la nariz y saca el aire despacio por la boca. Hazlo varias veces, lo más lento que puedas.

Así siguió por un rato la clase que la pequeña niña le daba a su madre acerca de cómo empezar a meditar y para que servía.

—¿Qué sientes, mamá?

—Tranquilidad, mi niña.

Rosario y María Iluminada se voltearon a ver directamente a los ojos. De repente la niña interrumpió el silencio y le dijo:

—Mamá, yo sé que desde que llegué a este mundo estás muy preocupada y te sientes culpable.

Rosario se asustó al escuchar a la niña decir semejantes palabras, pero pronto la suave voz de su hija la volvió a calmar.

—No te sientas culpable, mamá. Como yo nací no tiene nada que ver contigo. Fue una decisión divina para que yo cumpla con lo que tengo que hacer. También vives preocupada en exceso por mi salud. No te preocupes más, acepta la situación. No hay nada que se pueda hacer para cambiarla porque no necesita ser cambiada. No te resistas a lo que es, mientras más lo hagas más vas a sufrir. Mi cuerpo estará vivo el tiempo que tenga que estarlo, deja de pensar que estoy enferma. No tengas miedo de perderme porque no soy tuya. Tus hijos te fueron encargados por un tiempo para que los enseñes a vivir correctamente y cuando esto suceda ya no serán tuyos. Ellos le pertenecen a Dios. Divide tu amor y tu tiempo entre tu marido y tus tres hijos, pero deja espacio también para ti misma y así volverás a ser la mujer tranquila y alegre que eras antes de mi llegada.

Misteriosamente, en la mente de Rosario se había borrado el prejuicio de poner en duda lo que estaba oyendo sólo porque lo estaba escuchando de la boca de una niña de cinco años, su hija. Con sorpresa, creía cada una de las palabras que esa vocecita le decía y no tenía ninguna pregunta que hacer. No le importaba de dónde su hija sabía todo eso, por qué lo sabía, para qué lo sabía. Lo creyó y nada más.

Las dos se levantaron en paz. Rosario tomó a su hija de la mano y regresaron al cuarto a convivir con la familia como si nada hubiera pasado.

Una vida sin escuela

Desde ese momento, Rosario comprendió que la vida de su hija sería diferente y esa comprensión le devolvió la paz y la alegría. Ahora, repartía su tiempo y sus cuidados por igual a los cuatro miembros de la familia.

Efrén, Efrén chico y Chayito se iban acostumbrando a que María Iluminada dijera cosas que no entendían, a que se asombraran las demás personas o a que se burlaran de ella y la criticaran sin misericordia.

Con el paso de los años, la familia completa, de tanto escuchar a María Iluminada, se fue impregnando de sus conocimientos y poco a poco llegaron a entenderlos. Su forma de ver cada aspecto de la existencia humana se iba transformando conforme la niña crecía y les daba cada día nuevas y diferentes enseñanzas con su hablar y con su actuar.

Para cuando María Iluminada estaba por cumplir los nueve años, los preparativos para la graduación de sexto de primaria eran la emoción continua en el hogar. Además, se graduaban Chayito y María Iluminada. Sí, porque a María Iluminada las maestras la fueron avanzando de grado tan rápido que para sexto ya estaba cursando el año escolar en el salón de Chayito, que era tres años mayor que ella. Rosario decidió hablar con su hija mayor para ver cómo se sentía al respecto.

—¡Está lindísimo el vestido que escogiste para tu graduación, Chayito, te queda hermoso! Es que ya te estás volviendo una señorita.

—Gracias, mami. Sí estoy bien emocionada porque, ¿qué crees?, Leopoldo me pidió que fuera su pareja de baile.

—¡Qué emoción, Chayito! Seguro que anda enamorado de ti. Oye, mi reina, ¿y cómo viste el vestido que le escogimos a María Iluminada?

—Está muy bonito, mamá, aunque a ella ni le interesa. Se le ve muy lindo, pero cómo da trabajo encontrarle ropa a mi hermana, eh.

—Sí, por su tamaño.

—¡Le quedó el de talla cinco!

—Bueno, pero se le ve hermoso. Oye, Chayito, tu hermana se gradúa contigo en el mismo grupo, ¿cómo te sientes?

—Contenta, mamá. Ya sabes, en la escuela no faltan los chamacos que me quieren meter cizaña o que se burlan de nosotras, pero a mí esas cosas ni me importan. Yo estoy muy orgullosa de mi hermana.

—Qué bueno, hija, eres de buen corazón.

La familia completa asistió a la ceremonia y a la fiesta de graduación donde, entre el grupo de hermosas niñas con cuerpo de señorita, contrastaba la diminuta figura de María Iluminada. Pero, al mismo tiempo, la luz que su rostro y sus ojos irradiaban no se comparaba con los de la más bella de sus compañeras.

≥≤

Llegaron de nuevo las vacaciones de verano y mientras Efrén chico le aconsejaba a Chayito que se inscribiera en la misma secundaria en la que iba él, Rosario se sentó a hablar con María Iluminada al respecto.

—Mi niña, quería decirte algo.

—Sí, mami.

—Fíjate que fui a hablar con la directora de la secundaria de tu hermano para ver si no había problema para inscribirte ahí, pero me salió con que no puedes entrar porque estás muy chica. Luego fui a la secundaria de tu prima Elenita y lo mismo me dijeron. Y ya ves que ésa es particular, pensé que serían menos delicados. Me dijeron que ya ni le buscara, que era por órdenes de la SEP y que una niña de nueve años no puede estar inscrita en secundaria. Quería comentártelo y preguntarte si sigo buscando o si estarías dispuesta a esperar dos años, ya a los 11 tendrás la edad permitida para cursar la secundaria.

—No te apures, mami, no necesito entrar a la secundaria.

—Bueno, hija, ahorita no, pero en dos años ya entrarás para que continúes tus estudios.

—No necesito estudiar en la escuela, mamá.

—Cómo, ¿no te gustaría llegar a ser una doctora, licenciada o maestra?

—No, mami.

—Entonces, ¿a qué te gustaría dedicarte?

—Ahora no te lo puedo decir con exactitud, mamá, pero sé que no necesito ir a la escuela.

Rosario decidió terminar la conversación porque las palabras de su hija fueron, como siempre, tranquilas pero contundentes.

≫≪

Ese verano no hubo vacaciones a la playa porque el negocio de Efrén pasaba por un momento difícil. Había salido al mercado la leche pasteurizada en envases de cartón, se vendía en tiendas, supermercados y hasta panaderías, y la gente dejó de ir al establo a comprar su leche. Aunque la calidad del producto no fuera la misma, la gente preferiría la comodidad de sacar el envase del refrigerador y servirse directo al vaso se ahorraba el viaje al establo, la lata de hervir la leche y ni hablar del ahorro de gas. Efrén tuvo que deshacerse de muchas de sus vacas, dejó sólo las necesarias para los pocos litros que se vendían a diario para la elaboración de la crema y el queso, pero las grandes empresas también habían sacado a la venta esos productos, y Efrén también cada día vendía menos.

Lo que tuvo que hacer el preocupado padre de familia fue construir, en una parte del establo, un local atractivo para poner refrigeradores y empezar a vender la leche, queso y crema que producían esas gigantescas empresas competidoras. Ahora tenía un pequeño establo y una cremería a la que llamó lácteos Chayito.

No pudo evitar, al escoger el nombre, dejar salir a relucir la adoración que sentía por su hermosa hija mayor, que era su orgullo; grandota, bonita y sociable como su madre doña Josefina. A Efrén chico no había que tratarlo con esos mimos pues debía ser un hombre cabal. Y a su hija menor, María Iluminada, nunca había llegado a comprenderla bien y la mayoría de las veces no entendía lo que decía. Y como la veía tan frágil, muy en el fondo tenía miedo de perderla pronto y por eso para no sufrir, trataba de no entablar una relación muy profunda con ella. Había dejado que Rosario se encargara de la niña.

Chayito empezó la secundaria y Efrén chico pasó a segundo grado. Rosario continuaba con las labores del hogar y se había inscrito a las clases de pastoral en la iglesia del padre Porfirio. María Iluminada pasó las primeras semanas metida en los libros que sus hermanos ponían en el librero. Un día le pidió a su mamá:

—Mami, ¿me podrías hacer un favor?

—Claro, mi niña.

—¿Puedes decirle a mi papá si me lleva con él a la cremería para ayudarle a despachar?

A Rosario se le hizo raro que a una niña de su edad le interesara irse a meter tras un mostrador en un negocio como el de su marido, pero decidió no hacer preguntas y apoyarla.

—Claro hija. Hoy en la noche que vuelva del trabajo le comento.

Y así lo hizo. A Efrén también le desconcertó la petición de María Iluminada y le dijo a su mujer que no le parecía adecuado. En realidad, lo ponía nervioso estar solo con la niña tantas horas sin Rosario. A pesar de los pretextos, su esposa acabó imponiéndose y acordaron que la niña empezaría a ir sólo por las mañanas y hasta la hora de la comida, momento en que Rosario pasaría por ella. Efrén accedió al final porque pensó que como estaban Jaimito, el muchacho que ayudaba en la cremería, y los dos trabajadores del establo, María Iluminada se entretendría buena parte del tiempo viendo cómo ordeñaban a las pocas vacas que quedaban y platicando con sus empleados. Su amor por la niña no estaba en duda, lo que sí era cierto es que la inteligencia y los comentarios de su hija lo ponían nervioso porque casi nunca sabía que responder.

Para el siguiente lunes, María Iluminada se fue con su papá al negocio después de haber desayunado y haberle dado la bendición a su madre. Ya en la cremería, Efrén le preguntó si quería ponerse a dibujar con un cuaderno y lápices que él tenía para anotar.

—No, papi, yo te ayudó en la caja.

—Cómo en la caja, tú no sabes cobrar.

—Sí sé, papá, acuérdate que ya acabé la primaria y obtuve la mayor calificación en matemáticas. Déjame, por favor.

—A ver, ¿pero sabes dar bien el cambio?

—Tú fíjate.

Y Efrén jaló un banco para que la niña alcanzara las teclas de la máquina y además para que los clientes la pudieran ver, porque parada era tan chiquita que por fuera del mostrador parecía que no había persona alguna en la caja.

Al paso de los días, Efrén se dio cuenta de que la niña era realmente una bala para eso de los números. Cuando él o Jaimito atendían a los clientes anotaban en una libreta cada uno de los productos junto con su precio para hacer la cuenta al final. También tenían la costumbre de repetir en voz alta el producto y el precio antes de anotarlo, pero para cuando ellos iban a empezar la suma, María Iluminada les gritaba la cantidad total. Al principio no le creían y seguían haciendo la suma, pero ya que la niña cobraba y el cliente se iba le preguntaban: "¿Cuánto dijiste, María Iluminada?".

Las cantidades siempre eran exactas. Así que con el paso de los días tanto Efrén como Jaimito se acostumbraron a ahorrarse la suma, sólo se aseguraban de ir sacando los productos y decir en voz alta el nombre y su precio. En seguida, la niña les gritaba la cantidad y listo. Ella cobraba y daba perfectamente el cambio.

La clientela de Efrén era más o menos la misma de siempre; la mayoría eran los vecinos de la colonia. Rara vez llegaba gente extraña que por causalidad iba pasando por ahí o visitaba a alguien en el barrio. Así que poco a poco los clientes fueron conociendo a la pequeña cajera y a la mayoría les caía muy simpática, por ser tan pequeña de edad y más de tamaño, y por su cándida mirada y dulce voz que contrastaban con su vivacidad y vocabulario, pues correspondían a los de una muchacha de por lo menos veinte años. Pero una veinteañera muy observadora e inteligente.

Don Arturo del Solar

Uno de los clientes más asiduos era don Arturo Solar, un hombre de unos sesenta y tantos años, de pelo completamente blanco. Se notaba que en su juventud había tenido buen porte. Caminaba despacio, hablaba con parsimonia y se vestía, aún para pasar por la cremería, como si fuera a una gala, pero con ropa de hace por lo menos treinta años. Con pantalones de traje abombados en la cadera, con pliegues y muy angostos en la parte de los tobillos. Camisas blancas impecables, sacos cruzados de hombros anchos y amplia solapa, corbatas gruesas de rayón y un sombrero que combinaba perfectamente con el traje.

—¿Qué le ponemos hoy, don Arturo?

Preguntaba Jaimito cada vez que entraba el meditabundo caballero. Pedía su queso manchego y Cotija enchilado, su jamón, pagaba y se despedía. Siempre serio, de pocas palabras y con un dejo de melancolía parecido al de su vestimenta. Lo que sabían de él era lo que los vecinos del barrio comentaban.

A los pocos días de estar María Iluminada acompañando a su padre en la cremería, se presentó don Arturo, hizo su pedido, se acercó a la caja a pagar y cuando la niña lo rozó con sus pequeñas manos al regresarle el cambio, el hombre sintió como uno de esos pequeños toques eléctricos por los que te cobran en las ferias, que te dan una mezcla de miedo con un cosquilleo divertido. Volteó a ver a María Iluminada y ésta le sonrió.

—Qué linda criatura –dijo don Arturo entre tierno y des-animado, a la vez que guardaba su vuelto en la cartera.

María Iluminada le contestó:

—Cuánto pesar hay en tus ojos, Arturo, pero tú mismo te lo causas.

Don Arturo levantó la mirada asombrado por las pala-bras de la niña y, sin quererlo, ésta se quedó fija en la de María Iluminada.

En ese momento Efrén estaba cerca. Tratando de impe-dir que su hija empezara a hablarle a don Arturo, tal y como acostumbraba hacerlo con su familia en la casa, interrumpió la situación de inmediato.

—Ándale, hija, te habla Cecilio allá atrás para que le ayu-des a darle de comer a *la Negra* y a *la Comadre*. Gracias, don Arturo, vuelva por acá cuando guste.

Don Arturo se retiró desconcertado y María Iluminada bajó del banco para ir al establo a darle de comer a las dos únicas vacas que todavía no eran víctimas de la modernidad.

Arturo del Solar caminó las ocho cuadras que lo separa-ban de su casa con los ojos de María Iluminada metidos en la cabeza. Recordaba una y otra vez lo que la niña le había dicho sin conocerlo. Cómo podía saber esa pequeña criatura que se sentía muy triste, que llevaba años sumido en una perenne melancolía y que hacía mucho la vida no era nada para él.

—Ya llegaste –se acercó su mujer a darle un beso en la mejilla, pero él hizo la cara a un lado.

—Qué pasó, mujer.

—Nada, lo mismo de siempre. Fui al mercado y traje todo para hacerte tu mole de olla que tanto te gusta.

Alondra, una mujer de 44 años, pero que parecía 10 años mayor, era la concubina de Arturo. Se habían juntado hacía unos 15, cuando ella era una hermosa joven que admiraba al maduro actor; durante su niñez, sus padres veían las películas de cuando el cine mexicano empezaba a hacer sus grandes producciones y en las que Arturo había trabajado en papeles secundarios. Arturo en realidad nunca se enamoró de ella. Le gustaron su juventud, su cara bonita y la admiración que le profesaba casi como si fuera un dios. Al principio trató de corresponder a sus atenciones y a su amoroso trato, pero con el paso de los años los recuerdos de su vida pasada lo regresaron a su corazón vacío, a sus frustraciones y tristezas, y a ella la hizo a un lado.

Arturo del Solar había sido su nombre artístico, en realidad se llamaba Arturo Solórzano. Desde muy chamaco se dio cuenta de que era bello y de que causaba un gran efecto en las mujeres, por lo que se volvió un muchacho vanidoso y mujeriego. Cuando apenas tenía 22 años, se juntó con una joven mesera y tuvo un hijo. Vivió sólo tres años con ellos y, aunque quería mucho al niño, sintió que esa prematura familia era un impedimento para hacer su carrera de actor. Arturo los abandonó y empezó una desordenada y excéntrica vida nocturna, que lo hizo coincidir en un bar con un productor de cine que se fijó en su galanura y lo encaminó en el mundo de la actuación. Así llegó a llamarse Arturo del Solar. Pero la carrera que al principio parecía tan prometedora, nunca lo llevó a ser una primera figura.

Jamás tuvo un estelar, aunque sí hizo papeles importantes al lado de grandes estrellas como Pedro Armendáriz, Libertad Lamarque, Meche Barba y hasta Cantinflas, lo que le permitió ganar buen dinero y hacerse con algo de fama; la gente lo identificaba más por su cara que por su nombre. Y con el dinero y la popularidad vinieron muchas mujeres. Aunque Arturo se casó por única vez alrededor de los 30 años, volvió a abandonar el compromiso y la posibilidad de una familia por parecerle otra vez un estorbo. Pero la década de los cuarenta pasó y nunca pudo ser la gran estrella que él pensó que sería.

Vivió con varias mujeres del medio artístico, tan superficiales como él. Con el paso de los años, le asignaron el papel del tío o del papá de los estelares de la película. Y después ya ni eso. El medio artístico se fue olvidando de Arturo del Solar. Poco después de cumplir los 50 años estaba tan decepcionado que decidió alejarse de la farándula. Y, de repente, se encontró solo, sin más dinero que su limitada pensión del sindicato de actores. Y aunque no era viejo, cuándo se veía en el espejo, consideraba que había perdido toda su galanura, todo su ser.

Tiempo después tuvo que vender su residencia de la colonia Condesa y comprar una casa mucho más modesta en una colonia popular. Vendió el último de sus autos de lujo y se acostumbró a moverse en transporte público. Cada acontecimiento, eslabón tras eslabón, fue formando una cadena que le ataba el corazón a una profunda decepción.

—¿Otra vez vas a ver esa película?

—Sí.

—Arturo, casi todos los días te las pasas frente al televisor buscando alguna de tus películas. Las hemos visto como 100 veces. Por qué no mejor vamos al centro de la ciudad a curiosear, a pasear por la Alameda y a cenar unos churros con chocolate en San Juan de Letrán.

—Ve tú si tantas ganas tienes de salir, yo aquí estoy bien.

—No eres tan grande, pero te comportas como un anciano. Ni asomo del hombre que yo tanto admiraba, del que me enamoré: alegre, seguro de sí mismo.

—¿Admirabas? Ya no me admiras. Ve las películas en las que actué para que me vuelvas a admirar. ¡Ése soy yo!

Alondra decidía no discutir y prefería salir a platicar con alguna amiga del vecindario o con su hermana que no vivía muy lejos. El gran actor de películas que ella había admirado y con quien había decidido compartir su vida no existía más, pero pensó que con los años se convertiría en un ser amoroso, maduro, agradecido con la vida. Hasta protector con ella porque tenía más experiencia, pero no fue así.

⋙⋘

María Iluminada seguía atendiendo la caja del negocio y, aunque ella quería platicar con los clientes, su papá se lo había prohibido. Sólo le permitía contestar de manera muy corta, si alguien le hacía expresamente alguna pregunta.

Un viernes por la tarde don Arturo del Solar entró a la cremería con el pretexto de comprar chorizo y algunos quesos, pero lo que en realidad quería era ver a la niña de tierna mirada que con sus palabras había movido las fibras más íntimas de su corazón.

—Buenas tardes, don Arturo. ¿Qué va a llevar para la cena? –le preguntó Jaimito muy acomedido.

—Ponme un cuarto de chorizo y un cuarto de manchego. Y otro de jamón.

—Oiga, don Arturo, anoche salió en el canal cuatro una de las películas en las que usted sale, la del maestro al que nadie quería en el pueblo, y luego…

—Sí, sí, muchacho, todo el tiempo las pasan. Oye, ¿dónde está la chiquita que el otro día me cobró en la caja?

—¿Quién? ¡Ah! María Iluminada.

—¿Cómo se llama?

—María Iluminada. No, ella no viene por las tardes. ¿No ve que está bien chiquita?

—Qué tiene, ¿unos siete años?

—No, si ya va para los 10, pero aquí entre nos está muy chiquita y flaquita porque tiene una enfermedad del corazón.

Y aparte es como una niña genio, terminó su primaria a los nueve años, pero por la edad no la aceptaron en la secundaria.

—Ah, ya veo.

—Y ella misma le pidió a su papá que la dejara venir a ayudarle para no aburrirse en la casa. Viera qué lista es, nos ahorra hacer las cuentas. La niña suma mentalmente todo y nos dice lo que hay que cobrar. ¡Ah, qué chamaca! ¿Y para que la quería, don Arturo?

—Sólo quería saludarla, hablar un poco con ella.

Jaimito terminó de contarle todo lo que sabía sobre María Iluminada y le dijo que si quería hablar con ella viniera un día por la mañana y se fijara que no estuviera su papá, Efrén, porque le tenía prohibido socializar con los clientes. Arturo del Solar se retiró planeando volver otro día.

Las hermanas Santanera

—¡Betty, Betty! ¿Ya regaste las plantas?

—Ya voy, ya voy, hermana. No me grites así que me espantas.

—No sé qué haces todo el día. Se supone que tu deber es cuidarme y tener esta casa como Dios manda.

—Y también dar clases de regularización a los niños para completar el gasto de la casa.

—Ya no te quejes y dame mi desayuno.

—Ahora mismo te lo preparo, hermana.

Beatriz le picó fruta y le preparó unos huevos acompañados de frijoles.

—Oye, Yola, en la mañana, cuando estaba barriendo la calle, vi pasar a uno de los muchachos.

—¿Y eso qué?

—Está bien guapo, de muy buen porte. Se parece mucho a nuestro herm...

—Te he dicho que en esta casa no nos importa nada que tenga que ver con ese hombre, ni siquiera te permito que lo menciones.

—Pero, Yola, ya estamos viejas. ¿Nos vamos a morir así? A mí me gustaría...

—Nada de eso, olvídalo. Ándale, tráeme mi café y una pieza de pan dulce.

Beatriz fue a la cocina para traer lo que su hermana, quien era cinco años mayor que ella, le pedía.

—Yola, dicen que está enfermo.

—Eso no es asunto nuestro. Te lo he dicho por años y te lo vuelvo a repetir: ¿acaso le importó que mi madre estuviera enferma cuando se fue con esa mujer perdida?

—Él estaba al pendiente de nosotras hasta que ya no soportó más nuestro rechazo hacia su mujer. Quizá lo orillamos a irse así.

—No digas tonterías, Beatriz. Nosotras no tuvimos nada que ver con que él decidiera andar con una de la calle, una mujer mala. Por eso se murió tan pronto mi santa madre. Su único varón, educado con tanto pudor y recato para que fuera un hombre de bien, para que formara una familia decente y mira lo que prefirió. Esos muchachos que tanto te emociona ver pasar por la calle son unos bastardos.

Beatriz decidió callarse pues su hermana estaba enferma; hacía dos años que le había dado una embolia y todavía estaba recuperándose. No quería hacerla enojar. La sumisa mujer recogió los platos del desayuno y se fue al patio a regar las macetas. Mientras lo hacía, su mente volaba al pasado y recordaba cuando Eduardo, su hermano, estaba estudiando para abogado; con cuánto cariño y sacrificio su madre viuda pagaba las telas y las hechuras para que su hijo fuera a la universidad bien trajeado, limpio, impecable; cómo las apuraba a ellas dos para que lo atendieran; cómo se regocijaba con cada uno de sus logros.

A veces, Beatriz sentía que ella ni existía en esa casa. Yolanda estaba próxima a casarse y ese acontecimiento era el único que distraía un poco la atención que su madre le prodigaba a Eduardo. Todas las ilusiones y esperanzas que le quedaban a la viuda de Eduardo Santanera padre tenían que ver con su hijo.

Cuando a Eduardo le faltaba un año y medio para acabar su carrera, lo notaron muy raro. Había terminado con una novia muy linda y decente de una familia conservadora. No dio explicación ni motivo. Empezó a llegar muy tarde después de la universidad, a altas horas de la madrugada. A veces olía a alcohol y a cigarro. De repente tenía arranques de enojo que nunca antes le habían conocido, pues su carácter era afable. Recordaba Beatriz cómo su madre la había mandado con una amiga a espiarlo a la universidad. Aquella tarde se atrevió a seguirlo en un taxi después de que se subió en un auto muy lujoso con una mujer mayor que él. Se detuvieron frente a un elegante edificio en la colonia Del Valle y Eduardo bajó para abrirle la puerta y abrazarla. Después la besó en la boca y, riendo a carcajadas, los dos entraron al edificio. Beatriz bajó del taxi y habló al portero:

—Buenas tardes, señor.

—Dígame, señorita, ¿en qué la puedo ayudar?

—Perdone, es que ando buscando a una prima. Yo vengo de provincia y ésta es la dirección que me dio, pero se le olvidó anotarme qué número de departamento era.

—¿Vive con familia o sola?

—Ella solita.

—¿Cómo es su prima?

—Pues como de unos 28 años, alta, delgada, de pelo pintado de rubio, como al hombro. Se maquilla mucho.

—Híjole, ¿ésa es su prima? No, pus como me la está describiendo, yo creo que es la señorita Linda, la del 501.

—¿Y por qué se sorprende tanto?

—No, pus, es que usted y ella se ven muy diferentes

—¿Cómo?

—¿Pus qué no sabe a lo que se dedica su prima? Aquí en el edificio todo mundo lo sabemos por los carrazos que llegan a recogerla, siempre con distinto señor al volante.

—¿Qué?

—Híjole, señorita. Luego luego se nota que viene usted de provincia. A lo mejor ni le conviene quedarse con su prima.

—¡Explíquese, por favor, señor!

—Pus, la señorita Linda es una dama, ¿cómo le digo?, que vende placer a los caballeros adinerados.

—¿Qué?

—Sí, es una acompañante, una mujer… ¡Pus ya como sea! Es una prostituta de las caras.

—No le entiendo.

—Sí, ya tiene como cuatro años aquí en el edificio y no es que uno sea chismoso, pero todo mundo se ha quejado por las fiestecitas que arma en su departamento. Y luego la manera en que viste. Sólo se le ve salir por las tardes o noches muy arreglada y con diferentes caballeros. No hay que tener mucha imaginación. Aunque ahora que lo menciona, últimamente ha estado muy tranquila, cada rato trae al departamento al mismo joven, se ve buen muchacho y con ése sí sale hasta en las mañanas y vestida normal. No sé qué le vea porque a ese tipo de mujeres sólo les importa el dinero de los hombres. ¡Ay, perdón, es su prima!

—No se preocupe, a lo mejor me está usted salvando de algo grave. Sígame diciendo, por favor.

—No, pus, este joven se ve como universitario, bien vestido, pero no creo que sea de dinero porque llegan en el carro de ella. A mí se me hace que se anda enamorando la señorita Linda.

—¿Y ese joven viene muy seguido?

—Sí, casi todos los días, de hace como un mes para acá.

Beatriz consideró que ya era suficiente con lo que había escuchado. Le dio las gracias al portero y, sin más, regresó llorando al taxi, donde la esperaba su amiga, para dirigirse de regreso a su casa.

Como Beatriz sabía lo que eso significaría para su madre y su hermana, decidió hablar primero con su hermano. Cuando le señaló lo que pensaba sobre lo que estaba haciendo, él le contestó que apreciaba su preocupación y la prudencia que había tenido de no contarle todavía nada a su madre, pero que estaba completamente enamorado de Linda y que tenía planeado irse a vivir con ella. Sólo que no se iban a casar porque ella nunca se había divorciado del esposo que tuvo algunos años atrás.

—¿Y tu carrera?

—Para serte sincero, hermana, hace dos meses que no me paro en la universidad.

—Pero si ibas muy bien. ¡Sólo te faltaban tres semestres! ¿Qué pasó?

—Me di cuenta de que hay otra vida además de la que nuestra madre nos ha tratado de imponer. Desde que mi papá murió, volcó todas sus ansiedades en mí. Todo el tiempo pregunta a dónde voy, con quién estoy. Quiere que sea intachable, que no me vaya a desviar de lo que tiene pensado que yo debo ser, que ni una copa me vaya yo a tomar en una reunión. ¡Es el colmo, hermana! ¡No me ha dejado vivir mi juventud! Ella a jalado tanto la cuerda que me ha hecho aborrecer quién era yo.

—¿Ya no vas a ser abogado?

—No lo sé, hermana, a lo mejor luego continúo. Pronto me iré a vivir con Linda y ella me va recomendar con alguno de los muchos contactos que tiene. Puedo trabajar y estudiar.

—Pero, Eduardo, dicen que ella se dedica a…

—Se dedicaba, Beatriz, se dedicaba. Todos tenemos derecho a equivocarnos. Desde que me conoció, ya no sale con hombres, sino sólo conmigo. Estamos enamorados.

Beatriz comprendió que no podría llevar a su hermano por la reflexión adecuada y que no lo haría darse cuenta de que estaba cometiendo un error, no por lo que pensaran su madre y su hermana, o el mundo entero, sino por él mismo. No dijo nada más. Le dio un abrazo y se retiró.

Beatriz guardó el secreto y prefirió mentirle a su madre y a su hermana. Les dijo que no había descubierto a Eduardo en algo sospechoso. Sin embargo, con el paso del tiempo los airados reclamos de ambas contra del muchacho acerca de su conducta, lo llevaron a explotar delante de ellas y a contarles, de su propia boca, santo y seña de sus últimas andanzas y de las decisiones que había tomado respecto a su vida. Así, una noche, el joven de 23 años hizo sus maletas y se fue a vivir con Linda.

La madre quedó inconsolable y a los pocos días tuvo un derrame cerebral que la postró en cama por años.

Yolanda se casó al año siguiente, pero su matrimonio no duró mucho, ya que el viudo con quien su madre había permitido que se casara, por estar muy bien acomodado, era 20 años mayor que ella. Y a los cinco años de consumarse la unión falleció de un coma diabético, dejándoles a los hijos de su primer matrimonio todo lo que poseía y nada para Yolanda. Ésta fue otra causa de gran pena para la madre enferma.

Así que, por años, el sueldo de maestra de primaria pública que ganaba Beatriz y la pensión que recibía Yolanda por el tiempo que ejerció esta misma actividad fueron el sustento de la casa. El dinero era poco y el trabajo mucho. Había que cuidar a la madre, tener la casa impecable y trabajar.

—Yola, ¿nunca has pensado en rehacer tu vida?

—Rehacer mi vida, ¿cómo?

—Sí, buscarte un hombre que te quiera y a quien tú quieras de veras, no cómo tu matrimonio con Arturo. Mi mamá te lo sugirió o te lo impuso, pero yo creo que no lo amabas

—Tú qué vas a saber de amar si nunca has sabido lo que es que un hombre se fije en ti.

—Sí ha habido hombres que se han fijado en mí, pero por prudencia no he aceptado sus galanteos. Por respeto a mi madre.

—Olvídate de eso, Beatriz. Ya estás treintona y además tienes la obligación de ayudarme a cuidar a nuestra madre y de mantener la casa.

Así, Beatriz fue dejando pasar los años concentrada en las obligaciones de la casa en la que creció, donde el resentimiento hacia su hermano y hacia la vida misma eran el aire que se respiraba cada día. A pesar de que su naturaleza había sido dulce y noble, la soledad, la frustración y convivir toda su vida con dos mujeres llenas de rencores, le fueron cambiando el carácter y el alma. Ella se había vuelto también una mujer amargada y resentida.

Los años pasaron y la madre murió cuando Yolanda y ella andaban cincuenteando. Se quedaron solas en aquella casona. Con el tiempo, ella también se retiró de la docencia y se dedicó a atender la casa y a su hermana.

—¡Betty, Beatriz, dónde andas, ya es hora de mi desayuno!

—Voy hermana. ¿Qué se te antoja?

—Quiero huevos con chorizo.

—Ya se acabó el chorizo, voy rápido a la cremería de don Efrén.

Beatriz y toda su familia eran clientes de Efrén desde que tenía el establo. Sin embargo, hacía varias semanas que la atareada mujer no había pasado por ahí.

—Buenos días, Beatriz, ¿qué va a llevar? –preguntó Efrén en cuanto la vio entrar.

—Buenos días, don Efrén, por favor, dos tiras de chorizo, un cuarto de panela y otro de queso de puerco.

—¿Cómo sigue doña Yolanda?

—Ahí va, la recuperación de una embolia es muy lenta. Ya vamos para dos años. Puede caminar sola y comer por ella misma si se lo propone, pero a veces pienso que se hace la más enferma para tenerme al pendiente.

—Ah, qué doña Yola, siempre de carácter fuerte, ¿verdad?

—Sí, don Efrén.

Efrén terminó de atender a Beatriz, quien procedió a pagar en la caja. Otros clientes estaban esperando y Jaimito había pedido permiso para llegar tarde, así que el cauteloso padre no puso la atención que acostumbraba para que su hija no platicara de más con los clientes.

—Son 22.50, señora.

—Qué ternura de niña, ¿eres hija de Efrén? Tan chiquita y ya ayudándole a tu papá.

—Sí, señora.

—¿Cómo te llamas?

—María Iluminada.

—Hablas poco.

—Mi papá me tiene prohibido hablar mucho con nuestros clientes.

—¿Por qué?

La niña se quedó callada, bajó la mirada y terminó de darle el cambio a Beatriz.

—Gracias pequeña.

—De nada.

Beatriz dio dos pasos hacia la salida y algo la hizo voltear a ver de nuevo los ojos de la niña.

—Tu verdadera esencia se está muriendo. Sálvala.

La desconcertada mujer sintió como si le hubieran echado un balde de agua fría encima, entonces regresó a la caja y le preguntó a María:

—Estoy medio sorda, creo que no te oí bien. ¿Qué dijiste, chiquita?

—Las almas dormidas de otros te han causado mucha soledad y amargura, no lo permitas más.

Beatriz escuchaba la dulce voz de María Iluminada y miraba sus ojos sin poder despegar la vista de ellos. No supo qué contestarle y, en ese momento, el siguiente cliente se acercó para que la niña le cobrara. Beatriz, llena de vergüenza, salió de prisa del local porque sintió que la habían desnudado por dentro y que habían revelado hasta sus más íntimos sentimientos.

Todo el día, mientras atendía la casa y a su hermana, repitió en la cabeza las frases de la niña: "Tu verdadera esencia se está muriendo. Sálvala" y "Las almas dormidas de otros te han causado mucha soledad y amargura, no lo permitas más". A partir de ese día, su alma medio adormecida buscó despertar por todos los medios, a costa de lo que fuera.

A trabajar

—¿Cómo vas en tu trabajo, mi niña? –le preguntó Rosario a María Iluminada una tarde en la que la niña regresó a casa para quedarse en casa con sus hermanos.

—Muy bien, mami. Es muy divertido hacer cuentas mentales y estar en el establo. Lo que más me gusta es analizar a la gente.

—Pero, ¿no te has metido en problemas?

—No, para nada. Mi papá me ordenó no socializar con los clientes y le he hecho caso. Va cada persona tan necesitada de mi ayuda, mami.

—¿Tú te das cuenta?

—Sí, mamá, desde que siento su presencia y más al verlos muy profundamente a los ojos cuando pagan en la caja.

—¿Y les has dicho algo?

—No.

Efrén se sentó a la mesa junto a Chayito y Efrén chico, y madre e hija guardaron silencio. Esos eran temas que sólo ellas trataban porque Rosario era el único ser humano que comprendía en realidad la peculiaridad de la niña y que sabía a la perfección lo que decía y para qué lo decía, aunque todo el mundo la tachara de rara.

—¿Oye, Efren, dime cómo va María Iluminada en el negocio?

—Bien, muy bien. Ella nos ahorra mucho trabajo con las cuentas y es una bala en la caja. Hasta ahora la tengo bien controladita para que no se ponga a decir sus cosas y me confunda a la gente, porque si no haga esto me va a salir más caro el caldo que las albóndigas y se me va a disminuir la clientela. ¿Verdad, mija? –dijo Efrén abrazando a su hija menor con cariño.

La niña sonrió y le dio un beso en la mejilla.

—Sí, papi, yo no estoy ahí para meterte en problemas, sino para otra cosa.

Después de la cena, María Iluminada se quedó en la cocina ayudando a su madre a recoger la mesa y a lavar los platos con la intención de hablar a solas con ella. Como los demás ya se habían retirado a sus recámaras, Rosario encendió el televisor en la sala y lo puso a un volumen bajito para evitar que las escucharan. Toda la plática transcurrió en voz muy baja, casi susurrando.

—Qué pasa, mi niña, cuéntame.

—Mami, ¿te acuerdas de que hace un año, cuando Chayito y yo terminamos la primaria y no fui aceptada en la secundaria, me preguntaste qué quería yo?

—Sí, te dije que sólo tenías que esperar dos años más para poder entrar a la secundaria.

—¿Te acuerdas qué te respondí?

—Sí, que para ti no era importante seguir yendo a la escuela. Y yo te pregunté que qué te gustaría hacer y me respondiste que en ese momento no me lo podías decir, pero que más adelante lo sabrías bien y me lo dirías, que estuviera tranquila.

—Exactamente, mamá. Pues ahora ya te lo puedo decir, bueno, por lo menos tengo una idea.

—Dime, cariño. Me intriga cómo puedes saberlos si apenas tienes 10 años.

—Mami, voy a regalar luz a la gente, pero para poder hacerlo necesito que me apoyes. Mi papá se va a oponer. Ayúdame a lidiar con él.

—No entiendo.

—Mami, es lo único que te puedo decir, porque ni yo misma sé cómo le voy a hacer. Lo que me queda claro es que voy a tener que luchar contra la oposición de mi padre y de muchas otras personas. Ahí es dónde necesito tu ayuda, pero sabrás cómo ayudarme cuando se presente el momento.

Rosario miraba atentísima los ojos oscuros, tiernos y profundos de su hija. Y así como le pasó el día que nació y en aquella mañana en la playa, supo que no tenía que preguntar nada más. Sólo decir que sí.

—No te voy a fallar, María Iluminada. Comprendo que tu vida no será común y corriente, pero estaré contigo.

Ara y Andrés

—¿Bueno?

—Ara, ¿ni siquiera has salido de tu casa? ¡Te toca bañar a mi mamá!

—Primero se dan los buenos días, tarado, y no, no me toca bañar a mi mamá, hoy te toca a ti.

—A mi mamá no le gusta que yo la bañe porque soy hombre, le da pena.

—Pues dile a Gertrudis.

—Esta conversación se ha repetido como 100 veces entre tú y yo. ¿Qué parte no entiendes? A Gertrudis la contratamos para que se encargue la casa, de la ropa y la comida de mi mamá, y ella nos aclaró desde el principio que su sueldo no incluía labores de enfermera. ¿Quieres que se nos vaya? A ver dónde vamos a conseguir otra mujer como ésta, con excelentes recomendaciones, honesta, trabajadora y que aprecie tanto a mi mamá.

—Hoy tengo un examen y no puedo ir.

Ara colgó el teléfono sintiéndose terriblemente culpable porque no era verdad que tenía una prueba. Tampoco habían sido verdad las otras muchas ocasiones en las que había inventado algo para no tener que ir a cuidar a su madre.

Habían pasado ya casi siete años desde que a Araceli, su madre, le habían encontrado un primer tumor maligno en un seno. En aquella ocasión tuvieron que practicarle una mastectomía y extirpar el tumor, pues medía casi cinco centímetros. En ese entonces aún vivía su marido, quien, a pesar de salir a trabajar, de buena gana la acompañó en su vía crucis y la cuidó la mayor parte del tiempo junto con Clarita, la chica del servicio. Sus hijos nunca le ayudaron, pues ellos, en ese entonces adolescentes, se mostraron siempre reacios y ajenos, como si a su madre le hubieran sacado una muela.

Araceli nunca le exigió nada a nadie y hasta donde podía trataba de ser autosuficiente. Pero después de la operación y cuando empezaron las sesiones de quimioterapia esto fue prácticamente imposible. Debido al gran tamaño del tumor extirpado, los oncólogos la mantuvieron en rondas de quimioterapia que duraban siete semanas, de lunes a viernes. Después la dejaban descansar por mes y medio y le volvían a hacer toda la batería de pruebas para al final indicarle varias semanas de radiación.

Entre quimios y radiaciones Araceli se sentía muy mal por los efectos secundarios de estos tratamientos. Su pelo se caía en partes, así que decidió raparse y usar una gorrita tejida; tenía frecuentemente ulceras en la boca; había adelgazado más de diez kilos, ya que no tenía apetito y cuando lograba comer bien las náuseas y el vómito hacían de las suyas. Casi siempre se encontraba muy cansada y adolorida y aunque los doctores le decían que ese síntoma no era una consecuencia de las quimios, a ella le dolían músculos que ni siquiera sabía que tenía.

Después de año y medio de tratamientos, análisis y mucho padecer, su situación fue mejorando. Los doctores le dijeron que el cáncer estaba controlado, que poco a poco iría retomando su vida de antes aunque seguiría con un medicamento y haciéndose chequeos cada tres meses.

Sin embargo, los caminos del Señor son misteriosos y la vida de Araceli y la de sus hijos no volvió a ser la misma porque su devoto esposo y padre falleció a finales de ese año de un repentino paro cardiaco mientras trabajaba en su despacho. Otra vez Andrés y Ara se mostraron ajenos, fríos ante la partida de su progenitor y fueron pocas las lágrimas que derramaron, más bien parecía que estaban en una reunión y no en un funeral. Araceli no podía explicarse por qué sus dos hijos reaccionaban así, si su padre había sido amoroso y dedicado con ellos.

Tres años después de quedar viuda, Araceli recibió la noticia de parte de su médico de que el cáncer había regresado, pero ahora en el otro pecho. Ella, descorazonada, trató de encontrar algún apoyo en sus hijos, ahora universitarios. Su padre había tenido el cuidado de dejarles una buena herencia que les permitía seguir viviendo acomodadamente, por lo que los muchachos sugirieron contratar a una mujer con más edad y experiencia que Clarita para que se hiciera cargo de todo.

—Yo no creo que debamos contratar a alguien más –les comentó Araceli–. Más bien les estoy tratando de explicar mi situación de salud, que es muy delicada, y cómo me siento, no sólo físicamente sino de ánimo.

Ara ignoró las palabras de su madre y volvió a insistir sobre la cuestión doméstica.

—No te preocupes. La mamá de una amiga tiene una señora que les ha trabajado por más de 15 años, muy confiable, honesta y, además, sabe cocinar. Ellos ya no la necesitan porque se van a vivir a Valle de Bravo, así que le dije a mi amiga que me pase sus datos para conocerla y ver si empieza a trabajar el lunes.

—Sí, mamá, no tienes de qué preocuparte. La casa va a estar igual de reluciente que como tú la tienes, con la comida y todo lo demás hecho. Vas poder descansar y recuperarte –le dijo Andrés.

Araceli comprendió que sus hijos no querían o no podían enfrentar el hecho de que otra vez estuviera enferma, como no pudieron hacerlo cuatro años atrás, ni tampoco el fallecimiento de su padre.

Maru, hermana mayor de Araceli, se encargó de acompañarla en su nueva situación médica llena de análisis, estudios y doctores, además de la operación para extirpar el tumor. Entre ella y Gertrudis, quien finalmente se hizo cargo de la casa, tomaron en sus manos el largo proceso de recuperación y tratamiento de la enferma.

Vinieron de nuevo las quimioterapias con todos sus efectos secundarios y esta vez encontraron a Araceli más débil y desanimada que la primera vez.

—Señora Maru, ¿va a venir hoy? –dijo Gertrudis a través del teléfono.

—Gertrudis, mira, lo que pasa es que necesito ponerme al día con muchos pendientes de mi casa. Yo creo que hoy no voy a poder ir.

—Es que la señora Araceli está vomitando más que nunca. Todo lo que hoy ha comido se ha ido pa' fuera, ya he lavado el baño tres veces. Yo estoy bien atariada con la casa y la comida y me da una pena verla solita.

—¿Y los muchachos?

—¡A ellos les vale madre su madre! Con perdón de usté. La señorita Ara se va temprano a la universidad y vuelve como a las 10 de la noche. Sólo llama para preguntar cómo está la señora, pero eso, ¿de qué sirve?

—¿Y Andrés?

—Ése por lo menos viene a comer y sube tantito a la recámara de su mamá para preguntarle cómo está, pero luego sale con que tiene muchos asuntos en el despacho y se vuelve a ir. Viene llegando como a eso de las 11. ¡No se cuenta con ellos para nada!

—Ay, Gertrudis, si supieras con cuanta dedicación y ternura crió mi hermana a esos dos niños. Eran la ilusión de su vida y ahora que tanto la necesitan así responden.

—¡Yo por eso no tuve hijos, salen bien malagradecidos! Entonces nos vemos después, señora. Hasta luego –y colgó Gertrudis.

Maru decidió hablar con Ara y Andrés para pedirles que estuvieran más en la casa y ayudarán a atender a su madre. E hizo hincapié en el apoyo moral y el cariño que ésta necesitaba de ellos ahora más que nunca.

Ara argumentó que estaba terminando su carrera y que los estudios le quitaban todo el día, y Andrés alegó que irse abriendo camino en el mundo de los abogados era muy difícil y que necesitaba estar presente a todas horas en el despacho del amigo de su padre. Pero ante la insistencia de su tía prometieron turnarse para cuidar a su madre algunas horas por las tardes; sin embargo, no lo cumplieron.

Araceli no se recuperaba como en la primera operación. Estaba siempre muy fatigada y, aunque las rondas de quimioterapia habían pasado hacía meses, le dolía todo el cuerpo y su apetito era muy malo; estaba más delgada que nunca. Con los meses empezó a toser sin tener gripe, así que los doctores hicieron otra exhaustiva batería de estudios y análisis.

—Buenas tardes, doctor, me llamo María Eugenia Ramírez. Soy hermana de Araceli, su paciente.

—¿No la acompaña su hermana, señora?

—No, doctor. Yo quería que me interpretara los resultados sin que estuviera ella, porque tengo la corazonada de que las cosas están peor y no quiero que se entere.

—Bueno, es su decisión como familiar de la paciente comunicarle o no el estado real de su salud. En efecto, el cáncer que hemos tratado de combatir en su pecho y ganglios ha hecho metástasis en los pulmones.

—¿Qué se puede hacer, doctor?

—No hay cirugía para esto. Necesitamos volver a la quimioterapia, pero temo decirle que la respuesta exitosa de los pacientes al tratamiento en estos casos es muy poca.

❧

Maru volvió a hablar con sus sobrinos, pero ahora quiso confrontarlos.

—Esta vez sí necesitamos que usteddes ayuden en la casa y a su madre.

Los dos muchachos se quedaron en silencio cuando su tía subió el tono de voz mientras tocaban el tema en la sala de la casa. Araceli dormía arriba.

—¡Cómo es posible que habiendo tenido una madre como mi hermana sean ustedes tan fríos, tan desprendidos, tan ajenos y malagradecidos! Ella los ha necesitado mucho los últimos años y ustedes le han respondido con ausencia, con pretextos, ¿qué les pasa, muchachos? ¿Tienen algo en contra de su madre?

Por las mejillas de Ara corrieron varias lágrimas y contestó:

—No, tía, yo no tengo más que recuerdos de amor, ternura y dedicación de mi mamá.

—Yo igual –dijo Andrés.

—Entonces, ¿por qué esa conducta?

Ara no pudo contestar porque el llanto ahogó sus palabras. Entonces salió corriendo de la casa para subir a su auto y alejarse de ahí a toda velocidad. Andrés, con la cara roja y los ojos húmedos, le dio un abrazo muy fuerte a su tía y se fue como su hermana sin contestar una palabra.

En menos de un mes, Ara anunció que se iría a vivir temporalmente a la casa de una amiga porque estaba a cuadras de la universidad y se le hacía muy pesado manejar tan lejos todos los días. Tres semanas después, Andrés le dijo a su madre que había ahorrado lo suficiente como para dar el anticipo de un departamento, y que era una gran oportunidad, pero que tenía que irse de la casa porque era un trato que hacía a través del despacho y que no le permitirían comprarlo como una inversión sino sólo para habitarlo. Araceli sonrió a cada uno de sus hijos y les dio su bendición.

Las semanas del tratamiento pasaban y Maru y Gertrudis atendían a Araceli lo mejor que podían. Ahora estaba tan delgada, tan débil que ya no podía levantarse con facilidad para ir al baño sola. Optaron porque la enferma usara pañales, por lo menos para que no se parara orinar, cuando alguna de las dos no estuviera, y se fuera a caer y golpear.

Una vez finalizado el tratamiento, el doctor llamó a Maru para mostrarle los más recientes resultados.

—Señora María Eugenia, el tratamiento no funcionó. Tal como le había dicho, es rarísimo que haya un buen resultado en la clase de metástasis que presenta su hermana.

—¿Y ya no se puede hacer nada más, doctor?

—No, sólo darle medicamentos para el dolor y atenderla lo mejor que se pueda de acuerdo a las indicaciones que les voy a dar. Y, por supuesto, brindarle todo el cariño que sea posible. Por otro lado, respecto a decirle la verdad de su situación médica, la decisión es de ustedes. Lo siento mucho de veras. Araceli ha sido mi paciente por años. Es una mujer muy valiente.

Maru comunicó a sus sobrinos la noticia y decidió tomar una decisión drástica para ver si los hacía reaccionar. Les dijo que se iría a vivir fuera de la ciudad y que no podría cuidar más a su hermana, que no contarán más con ella, que de ahora en adelante la responsabilidad era suya y de nadie más.

Una vez que Maru se fue y a pesar de que Gertrudis trataba de organizar a los jóvenes, ellos iban a cuidar a su madre muy pocas veces. La mujer se hacía cargo de Araceli casi todo el día y la casa se encontraba hecha un caos. La pobre Gertrudis, quien ya era mayor, no podía con todo.

—¿Bueno?

—Sí, ¿qué quieres, Gertrudis? –le contestó Ara.

—¿Quién va a venir a bañar a su mamá? Yo no puedo sola, ya no puedo cargarla y, además, tengo que limpiar la cocina, está hecha un desastre. ¡Cómo ustedes vienen muy poco, he descuidado mucho la casa!

—Yo no puedo. ¡Háblale a Andrés!

—Ya le llamé y dice que le toca a usté.

Esa noche Ara se peleó con su hermano y trató de evadir el asunto una vez más. Pero se puso a llorar sin consuelo y su amiga se dio cuenta.

—¿Qué pasa, Ara? ¿Otra vez lo de tu mami?

—Sí, este tarado de Andrés me avienta todo.

—Pero ¿qué no te tocaba ayudar a tu mamá hoy, Ara?

—La verdad sí, pero no quiero ir, Paty, ¡no quiero ir!

Sollozando, Ara abrazó a su amiga como una niña pequeña. Paty, conmovida, sólo le respondió el abrazo, pero no tuvo idea de qué decirle. Se quedó dormida y tres horas más tarde, cuando despertó, Paty le comentó:

—¿Cómo te sientes?

—Mejor. Dormir es como irse a otro mundo y olvidarse de todo, aunque sea por un ratito.

—Oye, no hay nada para comer. Voy a salir un momento a comprar algo.

—Te acompaño.

—No, mejor, ¿sabes qué? Yo voy por las frutas y verduras al mercado y tú ve a la cremería. Es que ahí venden unos quesos buenísimos, y de paso te traes leche, chorizo, jamón y pastel de pollo. ¿Ya sabes cuál?

—Pues la que está frente al lavado de autos.

—Ésa mera. Así ahorramos tiempo y ya dejamos surtido para la comida de la semana. ¿Sale?

—Sale, Patty.

Ara salió rumbo a la cremería Chayito, a la que nunca había ido y sólo veía cuando pasaba por ahí rumbo a la universidad.

—Buenos días.

—Buenos días, damita preciosa, ¿qué le vamos a poner?

—Deme dos litros de leche, un cuarto de jamón, otro de pastel de pollo... ¡Ah!, y tres tiras de chorizo.

—¿Del verde o del rojo?

—Rojo, rojo.

Le dieron su mercancía y Ara se paró en la caja frente a María Iluminada sin mirarla, porque traía los ojos hinchados de tanto llorar. Le entregó el billete y la niña le extendió su mano con el cambio. En el momento en que Araceli tomó las monedas, la mano de María Iluminada apretó con suavidad la suya. Ara volteó a mirarla y sus ojos se encontraron con dos cielos nocturnos llenos de estrellas brillantes. Ella no pudo quitar la mano.

—El miedo te hace sufrir más que a lo que le tienes miedo. No tienes porque temer al dolor tuyo o de los que amas. Asúmelo.

Ara se espantó tanto con las palabras de la niña que tiró las monedas y salió corriendo.

Jaimito le gritó:

—¡Señorita, su cambio! ¿Qué le dijiste, María Iluminada?

—Nada.

—Te dijo tu papá que no le eches tus rollos a los clientes.

—No le dije nada.

Jaimito salió del mostrador a recoger las monedas y se las dio a la niña. Ella las guardó en la caja sin cambiar la pacífica expresión de su rostro.

La desdicha de Federico

—¡Ya llegó mi papá! –dijo Fito asustado mientras se levantaba de la cama de un salto.

—Espérate, Fito, tranquilo, no es bueno que te levantes así de rápido.

El niño de siete años, que reposaba junto a su madre en la recámara principal, se zafó con desesperación y corrió hasta la recámara donde dormía con su hermano mayor. El pequeño puso seguro a la puerta. Raquel fingió estar dormida y se tapó la cara con las cobijas mientras rezaba mentalmente.

—¡Ya llegué! ¡Ya llegué! –se oía desde el piso de abajo y por las escaleras.

—¿Dónde están todos, por qué se esconden? ¡Les estoy diciendo que ya llegué! –gritaba Federico con las palabras barridas y tirando varias de las fotografías enmarcadas que estaban colgadas en la pared de las escaleras.

—¿Dónde estás, pinche vieja?

Esta escena se repetía por enésima vez en el hogar de los Sepúlveda.

—Ah, conque te haces la dormida. Levántate, vieja pendeja, tienes que escuchar lo que te tengo que decir –y con toda su fuerza, Federico jaló las cobijas del cuerpo de Raquel y tomándola por su larga cabellera la jaloneó hasta tirarla en el piso.

En ocasiones anteriores, hace ya años, Raquel lloraba, le pedía amorosamente que se tranquilizara y al no lograrlo aceptaba todos los insultos y los golpes que su esposo le propinaba. Después, fue aprendiendo y se levantaba de prisa, aprovechando la lentitud que provocaba la embriaguez en su marido, y salía corriendo al cuarto de los niños; quitaba el seguro con la llave y, una vez adentro, cerraba la puerta y ponía la aldaba extra que había mandado poner sin que él lo supiera. Ahí se sentía segura y, a la vez, como una leona dispuesta a defender a sus cachorros si el enemigo traspasaba la guarida.

Después de proferir a ella y a los dos niños todos los insultos del mundo mientras trataba de derribar la puerta a patadas y puñetazos, a Federico le ganaba el cansancio y algunas veces se quedaba ahí tirado en el pasillo; otras, lograba llegar hasta su cama y se quedaba dormido hasta muy tarde. Raquel había optado por quitar las alfombras de las escaleras y de las dos recámaras y sustituirlas por loseta que, aunque era muy fría, era más práctica a la hora de limpiar las manchas y el penetrante olor que dejaban los orines y el vómito de Federico.

Raquel y Federico llevaban ya 10 años de casados. Ella decía que él no fue siempre así, que cuando la andaba enamorando y durante el tiempo que fueron novios, lo más que alcanzó a notar fue que le gustaba tomarse sus copitas de vez en cuando. Que era un poco celoso, pero nada del otro mundo. Que unas dos o tres veces estuvo a punto de agarrarse a golpes con alguien por un problema de tráfico o porque no lo atendían rápido en algún lado, pero ella lo interpretó como que era muy seguro de sí mismo, y que exigía cómo quería que los demás lo trataran.

En realidad, Raquel vio lo que quería, pero una vez casados ya no pudo seguir pretendiendo estar ciega ante la conducta violenta, dominante y propensa a los vicios que tenía su marido. Al inicio del matrimonio, las peleas eran frecuentes porque Raquel se atrevía a reclamarle que por lo menos una vez a la semana llegaba muy tarde y alcoholizado. Después Raquel se enteró por la esposa de un amigo que Federico jugaba y apostaba en los naipes y el dominó. El reclamo causó más enfrentamientos.

Recién casados, su madre percibió algo al respecto.

—¿Qué te pasa, hija? Te veo muy callada y pensativa.

—Pues es que no había querido decirte para no preocuparte, mamá, pero Federico y yo estamos teniendo muchos problemas.

—Pero, ¿cómo? ¡Si apenas van para el año de casados!

—Sí, mamá, pero él es muy diferente de como era antes… No, espérame, debo dejar de mentirme a mí misma y reconocer que su conducta sí daba señales de ser problemática, pero yo a todo le encontraba excusa, ya sabes, por el amor que le tenía.

—¿A qué te refieres, hija?

—A que toma, mamá, llega muy noche y peleamos mucho por eso. Además, me enteré de que juega, apuesta, pues. Y también discutimos.

—¿Hija, tienes problemas económicos?

—No, no mamá. Gracias a Dios Federico hizo muy buenos contactos en la facultad de odontología. Supo dónde poner su consultorio y con la especialidad de ortodoncia que tiene le llueven los clientes. Además, acuérdate que pude trabajar tres años en el consultorio del doctor Jiménez antes de casarme, y ahorré gran parte de lo que gané. Yo tengo mi guardadito, mamá.

Efectivamente, ése no era el problema. Desde que Raquel y Federico se conocieron en la facultad de odontología de una prestigiada universidad particular, el muchacho se hizo amigo de compañeros de clase socioeconómica mucho más alta que la de él y con papás influyentes. Federico tenía grandes ambiciones, y como era guapo, inteligente y carismático a todos les gustaba tenerlo en su círculo.

Federico era hijo único, en realidad, hijastro de un comerciante de telas y de una sumisa ama de casa de clase media. A los 12 años, su madre le dijo que el hombre con el que vivía no era su padre biológico, que éste los había abandonado sin explicación alguna cuando él era muy pequeño. Su padrastro fue un hombre duro que había llegado de provincia muy joven, sin preparación alguna, para trabajar con los marchantes de telas del centro de la ciudad; pero su tesón, su claridad de mente y gran capacidad de trabajo muy pronto llamaron la atención de sus jefes y lo nombraron encargado de una de las tiendas más grandes de la zona. Se había casado con la madre de Federico sin importarle que tuviera un hijo y siempre consideró al niño como suyo.

Para cuando el muchacho estaba en la adolescencia, el hombre ya era dueño de su propio local. Sin embargo, parecía que su fuerte lucha por mejorar su economía había repercutido en su conducta y en sus actitudes hacia la vida.

—A ver mujer, sírveme que me vengo muriendo de hambre. ¿Qué es esto? ¡Para tragar chingaderas mejor me meto a una cantina!

Y el padrastro de Federico aventaba el plato. Acto seguido, su esposa atemorizada le preparaba una carne asada con frijoles y arroz, con lo que siempre lograba controlar su ira. Federico observaba callado toda la escena. Cuando el padrastro se levantaba de la mesa, su madre lloraba quedito mientras intentaba comer algo. Federico no podía consolarla porque sentía un gran coraje hacia los dos. Con él, por macho, majadero y abusivo; con ella, por su falta de carácter y autoestima al dejarse tratar así.

Otras veces, el padrastro llegaba con copas encima y lanzaba insultos a diestra y siniestra. El blanco perfecto eran su esposa y su hijo adoptivo. A ella, le decía desde inútil hasta piruja de la calle. En los insultos para Federico había también gran variedad: escuincle marica, muchacho pendejo y muchos más. Había veces en que golpeaba, sin motivo alguno, a su esposa y, de remate, al muchacho. Federico se preguntaba por qué su madre no lo dejaba y se iban los dos muy lejos.

Cuando Federico llegó a la adolescencia se atrevió a decirle algo al respecto:

—Mamá, dejar de llorar. ¿Por qué no has hecho algo para que este energúmeno deje de maltratarte, mejor dicho, de maltratarnos?

—No me hables así, hijo, qué quieres que haga. Todo lo he aguantado por ti. ¿Qué no ves que sin su apoyo yo no hubiera podido darte ni una casa como ésta ni la ropa que usas, o las escuelas particulares a las que has asistido? ¡Hasta su apellido te dio! Él nos quiere, ¿no te acuerdas a qué lugares tan bonitos nos ha llevado de vacaciones? Y nunca nos falta nada, lo que pasa es que todo le ha costado mucho trabajo en la vida y se le hizo un carácter muy fuerte. No puedes negar que cuando no está tomado o de mal humor te ha tratado siempre como a un hijo, hasta cariños y bromas te hace. Él te ha sacado adelante.

—No, mamá, nada le da derecho de maltratarnos como lo hace. ¡Y es un alcohólico!

Para cuando Federico cumplió 18, era más alto y más fuerte que su padrastro. Así que cada vez que llegaba tomado, el muchacho lo recibía en la puerta y, sin hacer caso a sus insultos ni contestarle nada, se ponía detrás de él, lo apretaba por los brazos para inmovilizarlo y que no le pudiera pegar y lo empujaba para que subiera rápido las escaleras. Después lo aventaba en su cama y cerraba el cuarto por fuera con una llave había cambiado la chapa. En esas ocasiones, la madre dormía en el cuarto de su hijo, donde habían habilitado dos camas individuales.

Por la mañana, el padrastro hacía como siempre después de cada noche de alcohol y violencia: pretendía que nada había pasado. Ni una disculpa, ni un "nunca lo volveré a hacer".

La madre de Federico tenía razón en que el hombre era muy cumplido con las necesidades económicas de su familia, así que a los pocos años el joven ya estaba terminando su carrera de odontología en una universidad particular. Dos años después, cuando acabó su carrera, a su padrastro le diagnosticaron hígado graso y los médicos le ordenaron reducir considerablemente si ingesta de alcohol. Federico no le deseaba ningún mal, pero no pudo dejar de sentir que esa enfermedad era un regalo del Señor, especialmente para la tranquilidad de su madre.

Tiempo después, el joven dentista puso su propio departamento cerca de la universidad, donde estaba haciendo su especialidad en ortodoncia, y no pudo negarse a sí mismo que el día en que se llevó la última caja de cartón con sus pertenencias sintió que le quitaban una loza de encima. Visitaba a su madre al menos una vez por semana. Era muy generoso con ella y la apoyaba casi con toda la manutención de la casa, ya que el local de telas de su padrastro había cerrado hacía varios años por el alza de la renta y el exceso de competencia. Federico no era precisamente cariñoso con su madre, pero sí respetuoso; a su padrastro, apenas lo saludaba y evitaba en todo momento estar cerca de él.

Al poco tiempo, Federico y Raquel se casaron y entre los dos dieron el enganche de una bonita casa por el rumbo de San Ángel. Con el tiempo, Federico abrió un consultorio amplio y con una excelente ubicación, donde le empezó a ir de maravilla. Nació su primer hijo, Federico *junior*, y dos años después, Adolfito. Desde afuera, parecían una familia muy afortunada, una familia modelo. El padre, profesionista exitoso, la madre, profesionista también, pero enteramente dedicada al cuidado de sus hijos. Una casa hermosa en una colonia exclusiva, autos nuevos, apoyo económico para los padres de ambos. Pero muy frecuentemente el doctor Federico Sepúlveda se convertía en un demonio y la vida dentro de aquellos sólidos muros se convertía en un infierno.

En general, Federico trataba a Raquel y a sus hijos con afecto y respeto, hasta podría decirse que la vida de la familia Sepúlveda era armónica. Pero cualquier mínimo detalle, el más insignificante de los comentarios, el más inesperado de los acontecimientos desataban en él una ira incontrolable. Les gritaba y los insultaba en público o en privado. Y si a esto le añadíamos algo de alcohol o una mala noche de juego, las consecuencias eran terribles para Raquel y los dos niños.

A diferencia de su padrastro, cada noche que Federico abusaba de esta manera de su familia era seguida por una mañana de tormento. Se sentía tremendamente apenado, culpable, triste, una basura de ser humano.

—Buenos días.

Raquel no le contestaba y prefería decirle a su empleada doméstica:

—Rosita, sírvele al señor lo que te pida de desayunar.

Y ella se levantaba de la mesa y se llevaba su café a su recámara.

Federico nunca pedía perdón, no podía hacerlo aun cuando sabía cuánto dolor había causado a su mujer y a sus hijos. Por la noche, llegaba con unas flores y algún regalo para Raquel y otro para los niños. Se portaba muy amoroso durante días, a veces semanas, y nadie volvía a mencionar el hecho hasta que volvía a suceder.

Raquel no había dejado de quererlo del todo, pero sí empezaba a pensar en la posibilidad de separarse de él. Sus hijos estaban por entrar en la pubertad y estaba segura que esa doble personalidad de su marido ya les había hecho mucho daño como para dejarlos transitar por el empedrado camino de la adolescencia con tanto descontrol.

≈

—Qué pasó, compadre Federico, ¿cómo has estado?

Preguntaba Manuel, antiguo compañero de la facultad, amigo y además, padrino de bautizo del más chico de los hijos de Raquel y Federico, mientras ambos se sentaban a tomar una copa antes de comer en un elegante restaurante.

—Bien, mano, bien. ¿Y tú? ¿Cómo está la familia? ¿Qué dicen los endodoncistas?

—Andamos dejando sin clientes a los ortodontistas.

Los antiguos compañeros de la universidad se dieron un fuerte abrazo y soltaron una carcajada. Se pusieron al tanto acerca de sus trabajos y vidas familiares, aunque Federico omitió, por supuesto, los hechos relacionados a sus vicios y a la violencia que aparecía intermitentemente en su carácter.

El mesero preguntó si les traía los menús.

—No, todavía no, tráete otra ronda –ordenó Federico.

Manuel por prudencia se quedó callado, aunque deseaba comer y no seguir bebiendo. A los 15 minutos se presentó el mesero con la misma pregunta y Federico contestó lo mismo.

—No, sabes qué, mejor si tráete los menús y dos aguas minerales, por favor –contraordenó Manuel.

Federico lo volteó a ver con cara de incredulidad.

—¿Qué te pasa, pinche maricón?, ¿qué, te pegan o qué? Si sólo nos estamos tomando unos aperitivos.

—Federico, vinimos a platicar a gusto, a comer, no a ponernos hasta la madre. Y, por cierto, sí tenía muchas ganas de cotorrear, pero la intención principal de invitarte a comer es otra. Tengo que platicarte un asunto delicado.

—Qué pasa, ¿tienes algún problema?

—El problema es tuyo, Federico.

La cara de Federico cambió drásticamente. Se borró la sonrisa de su rostro y en su frente apareció el número 11 que forman las marcas de la piel cuando la cara denota preocupación.

—Sí, no me mires así. Necesito que te relajes y que abras tu mente y tu corazón con la mayor sinceridad. Tú sabes que Lorena, mi mujer, y Raquel han llevado una bonita amistad desde que las presentamos cuando ambos andábamos de novios. No sé si Raquel te ha contado, pero ellas se ven con frecuencia para desayunar y, a veces, los viernes por la tarde llevan a los niños al cine.

—No, Raquel no me ha dicho nada. Bueno, sabía que se hablaban por teléfono para saludarse.

—El caso, Federico, es que…. Mira, yo no debería de estar aquí diciéndote esto, estoy traicionando la confianza de mi mujer y, a su vez, la de Raquel, pero puse todo en una balanza y concluí que primero fuiste tú mi amigo y que, además, mis palabras te podrían servir para cambiar el futuro de tu familia.

—Ya dime, cabrón, que me estás asustando.

—Desde hace años, Raquel se ha estado desfogando con Lorena de la situación que a menudo se presenta en tu casa. De tu abuso del alcohol, del juego, de tus llegadas muy noche, de tus arranques de violencia verbal y física, de los traumas que todo esto ha causado en ella y en tus hijos.

—Y ustedes le creyeron a esa pend…

—¡Ya, Federico! Cálmate y deja de fingir. Somos amigos desde hace más de 15 años. Comprende la gravedad de lo que está pasando en tu matrimonio. Raquel ya fue a ver a mi primo Alfonso. Le pidió sus datos a Lorena.

—Tu primo Poncho, ¿el abogado?

—Exacto. Ya van tres veces que lo va a ver con documentos y todo. Raquel está asesorándose de la mejor manera para solicitar el divorcio y, además, ha tenido la precaución de hacer, no sé los detalles, el papeleo en el que consta el abuso físico, psicológico y verbal del que ella y tus niños han sido víctimas. Tiene pruebas de tu afición al alcohol y al juego. Hasta solicitó protección para cuando se te comunique lo del divorcio. Así de miedo te tiene.

Federico puso la copa a un lado, le dio dos grandes tragos al agua mineral que había traído el mesero y puso la mano sobre la frente de su cara lívida.

Manuel trató de que Federico se sincerara con él, de que hablara, de que diera sus razones, sus motivos, y poder hacer juntos un plan, una estrategia para lograr un cambio drástico en la conducta de su amigo y que éste pudiera todavía convencer a Raquel de que diera marcha atrás a ese penoso asunto. Pero fue inútil. Federico ni habló ni reconoció nada, pero tampoco se enojó. Se quedó como un muñeco inmóvil con la mirada perdida y, de repente, sin haber probado bocado, se levantó, dijo "gracias" y se perdió entre la gente que esperaba sus autos a la salida del restaurante.

Federico manejaba el automóvil con la mente en blanco. Era su corazón el que estaba atiborrado de emociones: asombro, incredulidad, tristeza, vergüenza, culpabilidad, enojo, ira, mucha ira. No podía volver a su casa sabiendo lo que ahora conocía. No podía ver a sus hijos ni a Raquel directo a los ojos, ni hablarles ni decirles nada. Ni maltratarla por contar sus intimidades ni tampoco pedirle perdón. Simplemente no podía. Era como si le acabaran de contar algo terrible de alguien que él quisiera mucho, pero de alguien más, no de él. Sin pensarlo, se dirigió a la casa de sus padres. Al llegar, abrió la puerta y encontró a su madre recogiendo los platos de la comida. Su padrastro estaba sentado en su silla de ruedas junto a la mesa.

—Qué tal papá –dijo seco y distante.

—Qué bueno que vienes –contestó su padrastro con la voz muy débil. Sus malos hábitos habían comprometido su hígado, causado una diabetes y una desgastante disfunción renal.

—Hola, mamá.

Federico abrazó muy fuerte a su madre y ésta le contestó de la misma manera.

—Qué tienes, hijo, ¿qué te pasa?

—No me siento bien, mamá.

Su instinto de madre le avisó que su hijo traía algún dolor muy grande en el alma.

—Vete para tu cuarto y acuéstate un rato. Ahorita te llevó algo de comer y un té para los nervios.

Cuando ella entró al cuarto, Federico estaba dormido y pudo notar que por sus mejillas habían corrido varias lágrimas.

>=<

—No, no, Consuelo. Aunque sea urgente, hoy no voy a ir al consultorio. Reagenda todas las citas para la semana que entra, por favor. Sí, sí. Haz los depósitos de siempre. Encárgate de todo.

Era la mañana del día siguiente y Federico ya estaba bañado y vestido con unos *pants* que había dejado de soltero en casa de sus padres. Esperó a que su padre desayunara y se fuera a la sala a ver televisión para sentarse a la mesa y comer con su madre.

—Come, come, hijo, acuérdate de que las penas con pan son menos. ¿Quieres contarme algo?

—No, mamá, no tengo ganas. Sólo quería estar cerca de ti.

—Aunque no me cuentes, me imagino que tiene que ver con tu mujer y tus niños. A veces es bueno salirse un poco del medio donde siempre estamos, para pensar.

—Sí, mamá, tienes razón.

Ambos acabaron de desayunar, y la considerada madre le dijo, fingiendo mucho ánimo:

¿Por qué no me acompañas a traer el mandado? Hace años que no caminas por la colonia. Éste es el barrio donde creciste, donde jugabas de niño. ¡Vas a ver cómo ha cambiado! A lo mejor ahora se te hace muy pobre o quien sabe, a lo mejor te trae algún buen recuerdo de cuando eras chiquillo.

Federico, más por complacer a su madre que por ganas, asintió, y ambos salieron rumbo al mercado que quedaba a unas cuadras. Su madre compró frutas, verduras, carne y alpiste para sus pájaros.

—Mamá, por qué no llevas crema, vi que te queda poca hoy que me serviste los chilaquiles.

—No, mijito, de aquí no. Ah, es que no sabes, ¿te acuerdas del establo que estaba en la esquina frente al lavado de coches? Pues con el tiempo el señor Efrén lo volvió una cremería excelente. Tiene del queso que te imagines, jamones, cremas, leche. Bueno, ¡está tan bien surtida! Creo que sólo quedan dos vacas, aunque son simbólicas.

En unos minutos, Federico y su madre estaban ordenando en la cremería Chayito una buena variedad de quesos, crema y carnes frías. Mientras su madre se ponía al tanto del estado de las vacas con Efrén, Federico se acercó a pagar a la caja. Le llamó la atención que una niña como de la edad de su hijo mayor fuera la cajera y que manejara las cuentas con tanta agilidad mental.

—Son 32.

—Aquí tienes. ¿Cómo te llamas?

—María Iluminada.

—Ah, qué nombre tan especial. Qué bonitos ojos, nena.

—Aquí está su cambio.

—Gracias.

La niña le sostuvo la mirada al entregarle dos billetes y cuatro monedas, y le dijo:

—Ahora que estás presente tú y no *el atormentado* necesitas identificarlo para que no vuelva a apoderarse de ti. Mira lo que ha hecho con tu vida.

—¿Qué dices?

María Iluminada repitió despacio las palabras, una por una; mientras tanto, a Federico se le ponían de punta los vellos de todo el cuerpo.

—Listo, hijo, vámonos porque todavía tenemos que pasar con doña Martha que tiene unas faldas mías que nada más no acaba de arreglar.

Federico volteó a ver a su madre y cuando regresó la mirada a la caja, la niña ya había dado un salto del banco y estaba recibiendo instrucciones de su padre para ayudar a los muchachos del establo a bañar a *la Negrita*.

Federico salió con el corazón palpitándole a mil por hora y sin quitar la mirada de la niña que se alejaba por la puerta del establo.

Arturo está de vuelta

La vida en casa era lo más normal que podía ser. Efrén chico había empezado la preparatoria y Chayito cursaba el segundo año de la secundaria. Rosario seguía cuidando de la casa y de sus hijos, mientras que Efrén modernizaba cada día más la cremería, que de establo ya no tenía nada. Las dos vacas que quedaban fueron vendidas a un pariente que vivía en las afueras de la ciudad, por la salida a Cuernavaca.

La familia completa estaba acostumbrada a que la gente se asombrara con María Iluminada, tanto por su baja estatura y extrema delgadez como por la rareza de las reflexiones que salían de su boca. Sus hermanos le pedían consejos cuando tenían algún problema personal, porque habían comprobado que lo que ella decía, aunque ellos no lo entendieran bien, siempre resultaba ser lo más adecuado para resolver cualquier situación, problema o malestar emocional. Efrén era el que menos la entendía porque era un hombre de mente muy cerrada, y ella lo confundía con sus palabras; así que trataba de no seguirle la plática. Rosario, por supuesto, era la más apegada a la niña y la única que la entendía a la perfección.

Cerca de cumplir los 11 años, María Iluminada seguía pareciendo una niña por lo menos dos años menor, aunque sus aficiones eran por demás diferentes a las de cualquier chica contemporánea suya. Leía libros, armaba rompecabezas, jugaba sola al ajedrez, dibujaba con maestría ángeles, paisajes paradisiacos, y le gustaba encerrarse en su cuarto a meditar. Sólo Rosario sabía que lo que hacía era meditar, los demás, pensaban que se había quedado dormida sentada.

En el negocio seguía haciendo la labor de cajera. Con el tiempo Efrén se empezó a aburrir de estarla cuidando para que no hablara con los clientes; además, ya no estaban *la Negra* y *la Comadre* para distraerla y para pedirle que ayudara a ordeñarlas o a bañarlas.

María Iluminada platicaba con algunos clientes, no con todos. No se sabía con base en qué escogía entablar conversación con unos y con otros no. Jaimito, de tanto oírla, había aprendido muchas cosas.

Un viernes por la mañana, que era el día que en el que Efrén se iba a surtir de productos para la cremería, entró don Arturo del Solar. Hacía ya más de un año que había conocido a María Iluminada y de que había vuelto a buscarla aquella vez sin encontrarla. Había dejado pasar el tiempo metido en sus recuerdos, viendo sus películas y amargándose cada día más la vida, pero ni un solo día dejó de pensar en la carita de la niña ni en las palabras que le dijo. Esa semana había estado particularmente triste y decidió ir a ver si podía hablar con la pequeña, con el pretexto de comprar quesos y jamones.

—Buenos días, muchacho.

—Buenos días, ¡qué milagro, don Arturo! Hace siglos que no se dejaba venir por acá. ¿Cómo ha estado?

—Bien, bien.

Don Arturo del Solar volteó a la caja y al verla vacía, sintió decepción.

—¿Qué va a llevar, don Arturo?

—Medio kilo de manchego, otro de quesillo y medio de jamón de pavo.

—¡Ahorita se lo ponemos!

—Y ahora te tocó estar solo. ¿Y el señor Efrén?

—Es que los viernes sale a surtirse de mercancía para el negocio.

—¿Y la pequeña? ¿Es su hija, no? La chiquita que les ayuda en la caja.

—Ah, María Iluminada, no, ella sí está, le pedí que lavara unas charolas en la trastienda.

—Mmm…

Don Arturo esperó a que Jaimito le pusiera su orden en la bolsa y pasó a pagar a la caja.

—Deje me quito los guantes y yo le cobro, don Arturo.

—No. No tengo ninguna prisa. De hecho, estoy haciendo tiempo para no llegar temprano a una cita que tengo. Espero a que salga la niña y me cobre.

Jaimito notó el tono imperativo en las palabras de don Arturo y prefirió no insistir. El hombre tenía un porte altivo que podía infundir miedo. En ese momento entró María Iluminada, le dio las charolas a Jaimito y se subió en su banco. Lo único que separaba la caja del resto del mostrador era un grueso cristal. Don Arturo del Solar no supo qué decirle a la niña y antes de que se le ocurriera algo ella habló primero.

—Te he estado esperando desde hace mucho tiempo, Arturo. Ahora estás más triste y más frustrado que la primera vez que te vi.

Don Arturo del Solar no podía creer lo que estaba haciendo. Su mente práctica, su sentido común le gritaron de repente: "Esto es ridículo, no tiene sentido. Yo, aquí, parado frente a una criatura de 10 años a la que expresamente vine a ver. ¿Por qué? ¿Para qué? ¿Qué estaba pensando?" Pero por primera vez en su vida, el corazón de Arturo Solórzano logró imponerse a sus procesos mentales, en lugar de huir dio un paso adelante hasta quedar pegado al mueble que sostenía la caja, y miró de frente a la niña a los ojos.

—¿O vas a negármelo, Arturo, que cada día que pasa tu tristeza y tu frustración se hacen más grandes?

—Dime, pequeña, ¿cómo sabes qué es lo que siento?

—Eso no importa. Lo importante es que al venir has dado el primer paso para aprender a vivir de otra manera, más bien, para aprender a vivir.

—¿Cómo?

—Hay muchas cosas que tienes que cambiar. Empezaste mal desde el principio. Empezaste por no abrir tu corazón y aprender a amar. Sólo amaste cuando eras niño, a tu madre, pero cuando te convertiste en adolescente y perdiste la inocencia, tus ojos no volvieron a ver a nadie con amor, sino sólo a ti mismo. Bueno, en realidad, has amado a quien tú creías que eras, pero no eras tú. Más bien, te dormiste, te cegaste y empezaste a vivir en un sueño donde el principal protagonista siempre ha sido la imagen que tu falso ser te hizo creer que eras.

—María, ¿te llamas María, verdad?

—María Iluminada.

—María Iluminada, no te entiendo, pero quiero hacerlo. Lo necesito.

En ese momento, Efrén estacionó su vieja camioneta, rotulada con la cara de una niña de ojos claros y una leyenda escrita en cursivas, que decía "Lácteos Chayito" y la dirección y el teléfono del negocio. Don Arturo del Solar dio unos pasos atrás para saludar a Efrén mientras Jaimito descargaba la camioneta.

—¡Qué milagro, don Arturo! Qué bueno que lo vemos, ¿cómo ha estado?

—Bien, don Efrén, muy bien. Aquí a punto de retirarme, le estaba pagando a la pequeña cajerita.

—Ah, que chamaca inquieta. Aquí la tengo ocupada porque no ha podido entrar a la escuela todavía.

Y Efrén ajetreado siguió sacando cajas de la camioneta y pasándolas a la trastienda.

—¿Cómo podemos seguir hablando?

—Dentro de poco estaré lista para poder hablar con tranquilidad contigo, Arturo. No necesitas buscarlo. La ocasión llegará en su momento. Recuerda lo que hoy te he dicho, intenta comprender.

Justo en ese momento Efrén alcanzó a escuchar a María Iluminada.

—A ver, hija, ya deja en paz al señor. Seguro le estás echando uno de tus discursos. Discúlpela, don Arturo, esta niña es *especial*.

Don Arturo del Solar dio las gracias y se retiró con la mirada de María Iluminada puesta en sus tristes ojos. Con la suya, él le respondió: "Estaré esperando". Se paró en la siguiente esquina, entró en una papelería, compró una libreta y anotó lo más que pudo recordar de las palabras que le acababa de decir la niña. Le puso fecha y siguió su camino.

El negocio de Rosario

Para el 14 de febrero, María Iluminada cumplió 11 años. Rosario, preocupada por la falta de crecimiento y el bajo peso de su hija, le pidió a Efrén que la llevaran al doctor. Les recomendaron un endocrinólogo. Después de manifestarle sus preocupaciones, el médico auscultó a María Iluminada y mandó que le hicieran una larga lista de estudios y rayos X para revisar la tiroides, la hipófisis y los estrógenos. En un par de semanas, los padres estaban de regreso con la niña y los estudios. Llamó a los padres y le pidió a la recepcionista que distrajera a la niña con unos dulces.

—Pasen, por favor. Quise que pasaran primero ustedes solos porque no sé si quieran que platique la situación con la niña enfrente.

—Porqué la pregunta, doctor, ¿hay algo muy malo? –preguntó preocupada Rosario.

—No muy malo, muy diferente, digamos.

Efrén intervino.

—Entonces, será mejor que nos lo explique a nosotros primero, doctor.

Rosario asintió con la cabeza.

—En los exámenes de su hija hay varias cosas importantes: primero que nada, la hipófisis no está produciendo la hormona del crecimiento, y por otro lado la placa de rayos

X de la muñeca de su hija indica que el cartílago se ha cerrado completamente, lo que quiere decir que la niña no va a crecer más.

—¿Nada más? –preguntó triste Rosario.

—No, señora, ésa será su estatura de adulta: un metro y 45 centímetros. Respecto a su peso, no la encontré anémica o desnutrida. Ésa es su complexión. Extremadamente delgadita, 35 kilos. Pero hay otra cosa, a su edad la producción de estrógeno debería de estar aumentando para provocar la menstruación que se presenta alrededor de los 12 o 13 años. En su hija, la producción estrogénica es mínima, como de una niña pequeña. Por eso no han visto un desarrollo como señorita ni presencia de la regla.

—¿Y respecto de su corazón?

—Sí, ya estoy al tanto. El doctor Espino me hizo llegar los estudios que tenía del cardiólogo que fueron a ver cuando la niña era más chica.

—¿Cree usted que todas estas anormalidades se deben a su problema cardiaco?

—No se puede saber con certeza. Los niños con problemas de corazón tienden a ser pequeños y delgados, pero no puedo asegurarles que esto tenga una relación directa con su cuadro hormonal tan inusual.

—¿Cree usted que convenga hacerle otros estudios del corazón, doctor? Hace ya seis años que le hicieron los que usted tiene.

—¿Su piel se pone azul con más frecuencia? ¿Se cansa fácilmente con poca actividad? ¿Se marea seguido?

—Se pone de un tono azulado de vez en cuando, en especial cuando hace frío, pero no más que antes, y no vemos que se canse demasiado porque casi no la dejamos hacer nada de deporte y a ella no le da por correr o brincar como a los otros niños. Es muy calmada, se la pasa leyendo o reflexionando, y en cuanto a los mareos, pues sí, a veces se marea, pero no más que antes. Se acuesta un ratito y se le pasa.

—Aunque no soy cardiólogo, yo diría que su estenosis está igual. No tiene sentido hacerle otros estudios, y su condición física tampoco cambió mucho de seis años para acá. Si entonces les dijeron que no era candidata para una cirugía o cateterismo, consúltenlo con el cardiólogo, pero yo creo que tampoco lo es ahora. Respecto a su crecimiento, no hay nada que podamos hacer, pero con su desarrollo femenino podemos mandarle un tratamiento de estrógenos para estimular sus ovarios y quizás logremos que tenga su período y que se desarrollen sus pechos y caderas, es decir, sus caracteres sexuales secundarios.

Rosario y Efrén decidieron pensar lo del tratamiento hormonal y no decirle a María Iluminada la situación con exactitud.

>=<

—¿Qué pasó, mamá, papi? ¿Qué dice el doctor? ¿Cómo están mis estudios?

—Tus estudios están bien. Sólo te mandó unas vitaminas y dijo que comas mejor. Ya ves, te lo he repetido miles de veces.

—Ah, qué bueno. Sí, mamá, voy a tratar de comer mejor, te lo prometo.

María Iluminada sólo hizo esas preguntas para medir el nivel de preocupación de sus padres. Sabía bien que la peculiaridad de su corazón continuaba presente, que no crecería más, que no tendría un desarrollo normal de mujer, que no conocería el enamoramiento, que no formaría una familia, que muchos acontecimientos que se consideran normales en la vida de una jovencita no le ocurrirían a ella, pero no le importaba pues estaba tranquila y feliz porque sabía perfectamente que lo que se considera *normal* en los seres humanos más bien debería de ser lo *común*. Y que vidas *normales* hay muchas y que no todos tienen la misma misión que cumplir cuando llegan a este mundo. Ella tenía bien claro cuál era la suya, y para realizarla no necesitaba más de lo que ya tenía, ni ser más de lo que ya era.

>⋲

Desde ese día, Efrén se mostraba más comprensivo con su hija menor. Casi todos los días notaba que María Iluminada se entretenía platicando con algún cliente después de cobrarle en la caja; las personas parecían estar muy interesadas en lo que ella les decía y después salían muy tranquilas. Con el paso de los meses. Efrén y Jaimito se fueron habituando a que una cantidad considerable de personas entrara a la cremería sólo para hablar con la niña, no para comprar.

Un lunes al medio día entró una joven veinteañera, alta, delgada, con el pelo café rojizo hasta la cintura y vestida muy a la moda. Llevaba un morral con algunos libros y cuadernos, por lo que se podía deducir fácilmente que asistía a la universidad privada que quedaba muy cerca del local.

—Buenos días, señorita, ¡tardes ya!

Efrén la notó ansiosa y amablemente preguntó:

—¿Qué va a llevar?

—Quisiera un cuarto de crema, uno de queso panela y otro más de jamón de pierna, por favor.

La joven volteaba hacia la caja con insistencia.

—Aquí tiene, damita.

—Muchas gracias, pago con la niña, ¿verdad?

—Si me hace usted el favor.

La muchacha se acercó dudosa a la caja.

—¿Cuánto es?

—Son 33.50, por favor.

—Aquí tienes.

—No tengas miedo, Araceli, puedes confiar en mí.

—¿Cómo sabes mi nombre?

—Te tardaste mucho en regresar.

—En serio, ¿cómo sabes mi nombre?

La voz de Ara denotaba nerviosismo, miedo y mucha curiosidad.

—Ara, no entendiste nada de lo que te dije cuando nos conocimos. El miedo sigue manejando tu vida.

Ara no sabía cómo controlar sus emociones, empezó a sentirse enojada, observada, ultrajada. Pensó: "¿Qué hago? Le grito, la callo, la dejo hablar".

—Si no me dices cómo sabes mi nombre, voy a decirle a tu papá, que seguro es el dueño. No, ¡mejor le voy a decir a la policía!

—Araceli, no dejes que tus miedos te ganen otra vez, yo no fui a buscarte, fuiste tú quien vino a verme. Y viniste porque necesitas saber cómo vencer los miedos con los que vives. Sólo tienes un tiempo determinado para demostrarle a tu madre cuánto la amas, después será muy tarde. Es por tu miedo al dolor, al sufrimiento y a la muerte que has desperdiciado los años de su enfermedad, que eran una fuente maravillosa de aprendizaje para ti y para ella.

—¡Ya basta, niña! ¡Cállate!

Los tiernos ojos de María Iluminada se mantenían fijos en los de Ara. Efrén, que limpiaba con Jaime un refrigerador, se acercó alarmado al escuchar el grito de la joven.

—¿Qué pasa, María Iluminada? ¿Hay algún problema, señorita?

—Es su hija, ¿verdad?

—Sí, ¿le ha molestado en algo, le ha ofendido?

Ara, con las lágrimas a punto de brotar, volteó a ver los ojos de María Iluminada, se hizo un silencio de varios segundos y contestó:

—No, no me ha ofendido ni me ha molestado.

Y la confundida estudiante salió de prisa del local dejando su mercancía junto a la caja.

—¿Qué pasó, María Iluminada? –preguntó Efrén lleno de curiosidad.

—Nada, papá.

—Cómo que nada, ¡yo escuché que la muchacha te gritó!

—No, papá, se estaba gritando a ella misma.

≈

En la casa, a la hora de la comida, lo primero que hizo Efrén fue llamar a su esposa a la recámara.

—Rosario, tienes que inscribir a María Iluminada en la secundaria. Te dijeron que cuando tuviera 11 años. Pues ya los cumplió.

—Porqué, Efrén, ¿se porta mal en el negocio?

—No es que se porte mal, tú sabes que es una niña muy dulce y obediente, pero no deja de hablar con los clientes de sus cosas por más que se lo he prohibido.

—¿Y ellos se molestan?

—Mmm, no precisamente.

—Yo creo que más bien se interesan en lo que María Iluminada dice, ¿no?

—Bueno, sí, pero a mí eso no se me hace normal. No te había contado, pero ya tiene meses que algunos clientes sólo van a verla no a comprar algo. A veces esperan afuera del local hasta que ella acaba de hablar con uno y entra otro. Y, además, hoy una joven le gritó.

—¿Qué le grito?

—No alcancé a oír, yo estaba limpiando un refrigerador. Me acerqué en seguida para ver qué pasaba y la joven me dijo que todo estaba bien. Sin embargo, yo oí que gritó. Y se fue muy nerviosa.

—¿Le preguntaste a la niña?

—Sí, y me contestó con una de sus frases raras. El caso, Rosario, es que ya no la puedo seguir llevando al negocio.

Rosario comprendió a la perfección lo que estaba pasando, y esperó a que acabara la hora de la comida y que Efrén regresara al negocio para hablar con su hija.

—Hace mucho que no platicamos, mi niña.

—Sí, mami, es que yo he estado muy ocupada en la cremería, y en la tarde tú estás ocupada con la casa y con los problemas que te dan mis hermanos.

—Sí, como están en la adolescencia, se ponen insoportables. Oye, hija, cómo te has sentido en el negocio, ¿no te aburres en la caja?

—No, mamá, ése es el propósito externo de mi presencia allí, tú sabes bien que tengo uno interno, y éste se ha ido revelando poco a poco. Cada vez más.

—Quieres decir, ¿hablar con la gente?

—Sí, mamá.

—¿Y ellos te entienden?

—Al principio no, se descontrolan, se asustan o se enojan, pero luego vuelven.

—¿Para qué vuelven?

—Mami, tú sabes bien la respuesta. Vuelven por más conocimiento que les ilumine el camino.

—Ah, sí, entiendo. Hay un problema muy grande, mi niña. Tu papá no comprende esta labor tuya.

—Misión, mamá.

—Bueno, esta misión tuya, y me ha pedido que te inscriba en la secundaria. Ya tienes la edad necesaria. ¿Cómo ves?

—Mami, también sabes la respuesta a esa pregunta. No deseo continuar ningún estudio. No necesito ir a la escuela para luego obtener una profesión o un oficio, yo ya lo tengo.

—Entonces qué vamos a hacer. Mira, no puedo andar con mentiras. Tu papá me ha dicho que ya no quiere seguirte llevando al negocio. Y yo creo que no puedes estar en la casa sin hacer nada.

Así, María Iluminada le abrió una vez más su corazón a Rosario.

—Mamá, el local de la cremería ocupa sólo la mitad de lo que era el establo. Desde hace mucho que ya no hay vacas, sobra bastante terreno ahí. Necesito que le digas una mentirilla blanca a mi papá.

—¿Cómo?

—Necesito que le digas que te aburres mucho en casa por las tardes y que quieres abrir un negocio. Así que puedes abrir un local pequeñito, sólo la parte que da para la calle.

—Válgame Dios, María Iluminada, ¿pero para qué?

—Necesito un lugar donde pueda platicar con la gente. No querrás que empiecen a venir aquí a la casa, ¿verdad?

—¡No! Pero, hija, él me va a preguntar que cuál negocio voy a abrir. ¿Y con qué dinero?

—Piensa en algo que te gustaría atender, algo que sepas hacer y que no requiera de mucho dinero.

—¿En verdad quieres que abra un negocio, hija?

—Sólo si tú quieres. Podría ser una experiencia nueva para ti. Lo que quiero es que en tu local me des un espacio para poder recibir a la gente. Contigo estaría segura porque tú sí entiendes la importancia de mi misión.

—Déjame pensar hija, déjame pensar.

—Mamá, ¿no te ha gustado siempre coser, tejer, bordar, hacer manualidades?

—Sí, desde niña me lo inculcaron en la escuela.

—Por qué no pones una mercería y das clases de tejido.

—Suena muy bien, ¡me gustaría mucho! Pero, ¿y el dinero?

—Dile a mi papá que sólo es un préstamo, que construya el local y que lo del negocio se lo vas a ir pagando poco a poco. Estoy segura de que no te lo va a negar.

—Bueno, que tal si le digo que aquí me empiezo a sentir aburrida porque tus hermanos ya están grandes y se la pasan en casa de los amigos o en el deportivo, y que me estoy deprimiendo, que necesito una actividad que me estimule.

—Eso, mamá. Eres muy inteligente.

—Además es cierto, María Iluminada, ¿no ves cómo salen tus hermanos?

Así, las dos cómplices se pusieron de acuerdo en todos los detalles para convencer a Efrén sobre la construcción y apertura de un nuevo local.

❧

Rosario se dio inmediatamente a la tarea de investigar todo lo que se necesitaba para abrir una mercería. Llamó a su cuñado, Ramón, esposo de su hermana mayor, quien era contador y podía orientarla bien. Se fue al centro a sacar cotizaciones de aparadores, mostradores, mercancía, todo para tener qué contestarle a Efrén cuando el empezara con su gran interrogatorio. Rosario quería ayudar a su hija, pero no podía negar que también le daba ilusión tener otro oficio aparte del de ama de casa.

Efrén era un hombre de buen corazón que amaba mucho a su esposa, así que después de una muy buena actuación de Rosario respecto a su supuesta depresión doméstica, y varias decenas de preguntas acerca del tipo de negocio que quería abrir, la respuesta fue positiva.

—Gracias, Efrén, no sabes cómo agradezco todo tu apoyo. Mira, la construcción del local de cualquier forma le da más valor a tu terreno y lo que gastes en ponerme la mercería te lo iré devolviendo poco a poco. ¡Si quieres, hasta con intereses!

—Cómo crees, vieja, lo que es mío es tuyo y a mí me importa mucho que tú estés contenta. Y tú le sabes a eso, seguro te va a ir bien.

María Iluminada recibió la noticia con gran alegría.

—¡Gracias, mamá, muchas gracias! Verás que para ti también va a ser algo muy bueno. Sólo que me gustaría pedirte otro gran favor. Necesito decirle a Jaimito qué contestar cuando las personas le pregunten por mí.

—¿Y qué vas a decir?

—Que a todo el que quiera contactarme para platicar conmigo de una forma mucho más cómoda, le diga que yo se los haré saber.

La construcción del local se llevó a cabo con rapidez pues, entre los muchos clientes asiduos a lácteos "Chayito", estaba Carlitos Villegas, un excompañero de primaria de Efrén, crecido en el mismo barrio, pero que sí había continuado sus estudios y se había titulado como ingeniero civil. Carlos le mandó un maestro de obra muy eficaz y éste jaló con todo. Cuando el local estuvo listo, con su baño y bodega, Efrén trajo a su mujer para darle la sorpresa.

—¡Ay, Efrén, pero qué lindo! Si hasta lo pintaste de verde manzana, uno de mis colores preferidos. ¡Gracias, muchas gracias!

—Ahora, mujer, vamos a ir a comprar los aparadores y el mostrador. ¿Qué más necesitas?

Y Rosario le pidió una mesa larga con sillas de plástico para las clientas de la clase de tejido y, por supuesto, todo lo que iba a vender: hilos, estambres, botones, broches, listones y demás artículos propios de una mercería.

—Y, ¿cómo le vas a poner a tu negocio?

—Mercería María Iluminada.

La gran inauguración

El día de la inauguración de la mercería no cabía la gente, pues a Rosario se le ocurrió pedirle al padre Porfirio, quien la quería mucho por ser muy cumplida con sus deberes hacia la Iglesia y además por ser paisano del mismo pueblo de Jalisco, que hiciera un pequeño anuncio sobre la apertura en la misa de 12 ese domingo. Así que Rosario se lució ofreciendo a la gente que llegaba tacos de barbacoa con su platito desechable de caldo. Luego, hubo un pastel en forma de botón, refrescos y bolsas de dulces para los niños. María Iluminada traía un vestido blanco ajustadito del talle y con mucho vuelo hasta las rodillas. Le pidió expresamente a Rosario que la llevara al centro para escogerlo junto con unos zapatos blancos. Le dio más importancia a este atuendo que al de cualquiera de sus cumpleaños.

—¿Estás contenta, mamá? –Le preguntó María Iluminada a su madre mientras comía una rebanada de pastel.

—Claro, mi niña, mucho. Queriéndote ayudar me he ayudado a mí misma. ¡Nunca pensé que sentirme útil para algo más que ser mamá y ama de casa me diera tanta alegría!

—Nada nuevo, mami, siempre que ayudas a alguien te estás ayudando más a ti, es un ley del universo. Lo que das, regresa.

—¿Qué?

—Nada, mami. Me gusta mucho verte feliz.

—Oye, mi niña, ven tantito.

Rosario llevó a la niña unos metros lejos del gentío y del local para que nadie las oyera.

—Tengo miedo de cómo vaya a reaccionar tu papá cuando empieces a venir conmigo a la mercería. Platícame, ¿qué vamos a decirle? ¿Se supone que me vas a estar ayudando en el negocio?

—Al principio puede ser así, pero yo necesito un espacio, aunque sea pequeño, para tener tranquilidad con las personas. Ahorita estuve viendo y la bodeguita me va a quedar muy bien, quizás sólo necesitamos mandar a hacer una ventanita. Para evitar que la gente se sienta encerrada.

—¿Y qué vas a poner allí?

—Dos sillas y una mesita en medio, eso es todo.

—Oye, hija, yo estoy contigo en lo que me pidas porque algo me dice que es lo correcto, aunque, tú lo sabes, piensen que estamos medio lunáticas. Pero me gustaría saber bien de qué hablabas con las personas en la cremería ¿Por qué tantos regresaban a buscarte? ¿Es esto parte de la misión de la que me has hablado?

—Sí, mamá. Y para que estés tranquila, lo que hago con las personas es orientarlas y regresan a buscarme porque no es algo que les pueda decir en un ratito, es un aprendizaje que toma tiempo.

—Orientarlas, ¿en qué?

—En su vida, mamá, para que no sufran tanto y comprendan mejor el sentido de su existencia.

Rosario prefirió no adentrarse más en la plática. No deseaba llegar al punto en que ya no comprendía lo que su hija estaba diciendo. No creía que María Iluminada estuviese haciendo algo malo, aunque otros, y a veces ella misma, no la entendieran bien. Ayudar en lo que para su hija fuera importante la hacía feliz y eso era suficiente.

A los dos días de la inauguración, la mercería estaba lista para abrirse. Estantes, mostrador, aparadores, materiales en su lugar. Hasta un albañil y un herrero ya habían colocado la ventanita en la bodega. Eso sí, a puertas cerradas para que Efrén no se diera cuenta.

Era principios de enero del año en el que María Iluminada cumpliría 12 años. Un lunes por la mañana las puertas de la mercería María Iluminada se abrieron. De inmediato, los clientes empezaron a llegar. Ese día la niña no había ido con su mamá para despistar un poco a Efrén.

—Buenos días.

—Buenos días, señora. ¿En qué la puedo ayudar?

—Ah, fíjese que ando buscando un listón exactamente como éste.

—Déjeme ver, creo que sí tengo uno igual, señora.

—Dígame Beatriz o Betty, cómo prefiera, soy de aquí de la colonia.

—Qué bien, Betty, mire, sí tengo el listón, ¿Cuánto quiere?

—Tres metros, por favor. Oiga, señorita…

—Soy señora. Ja, ja, ja. Ahora sí me hizo reír con lo de "señorita". Me llamo Rosario y tengo tres hijos grandes, ¡uno ya de 16!

—Ah, perdone, Rosario. El señor que atiende la cremería, ¿es algo suyo?

—Sí, es mi marido.

—Ah, eso quiere decir que la niña que estaba en la caja de la cremería es su hija.

—Sí, es la más chica, se llama María Iluminada.

—Es verdad, ya no me acordaba. Y, ¿por qué ya no va?

—Su papá ya no quiso. Pero va a empezar a venir aquí. ¿Usted ha hablado con ella?

—Sí, más bien ella ha hablado conmigo.

—Y de seguro usted quiere seguir platicando con ella.

—Pues sí, me da pena decirlo, pero sí. Quisiera poder hablar un buen rato con la pequeña, si a usted no le molesta.

—No, para nada. A su papá le molestaba que platicara con la gente porque no la comprende, pero usted no se preocupe, yo creo que a partir de mañana María Iluminada va a estar aquí ayudándome en el negocio y todo el que así lo desee podrá estar con ella.

—Ay, qué bueno, Rosario. Me hace usted muy feliz. Oiga, no soy la única, ¿verdad?

—No, Betty, cómo cree. Desde que mi hija empezó a ir a ayudar a su padre, encontró lo que ella estaba buscando: la forma de comunicarse con la gente. Venían muchas personas a buscarla. Le digo que a su papá le molestaba lo que hacía, así que ahora me la traigo para mi negocio y aquí ella va a tener hasta un cuartito especial para platicar en privado con ustedes. Yo sí sé de lo que se trata la misión de mi hija.

—¡Qué bueno, Rosario! ¿Y cómo le hago, nada más llego y ya? O es cómo con los doctores que hay que tener una cita en un horario específico.

—Ja, ja, ja. Otra vez me hizo reír, Betty, cómo cree que con cita, usted llegue y nada más, tampoco son cientos, son algunas personas las que la buscan.

—Bueno, Rosario, mucho gusto y muchas gracias. Mañana la molesto por aquí.

—¡Oiga, Betty! Su listón, se le olvida.

—Ay, sí, es que la verdad era un pretexto, ni me hacía falta. Bueno, mañana vengo. Gracias.

Eran las nueve en punto del siguiente día cuándo Rosario y su hija abrían el local. La semana anterior a la inauguración, María Iluminada le había pedido en secreto a su hermano Efrén que la llevara a una imprenta de ésas que hacen mantas con colores llamativos. A los tres días, Efrén chico pasó a recoger la manta que la niña había mandado a hacer y que decía en letras negras sobre fondo blanco: "Se dan consultas espirituales sin costo alguno".

Cuando acabaron de abrir, María Iluminada sacó su manta de una bolsa y le preguntó a su mamá dónde podía colocarlo para que fuera más visible.

—Ay, hija, ¿de dónde sacaste este letrero?

—Lo mandé a hacer con mis ahorros y con la ayuda de Efrén. Ayúdame a ponerlo, mamá. Necesito que la gente sepa que estoy aquí.

—Hija, pero así tu papá se va a dar cuenta de inmediato por qué te estoy trayendo a la mercería y se va a enojar.

—Yo sé que tú podrás manejarlo, mami. Ni él ni nadie pueden impedirme que yo haga lo que tengo que hacer y tú lo sabes.

Rosario asintió con la cabeza y, convencida por completo de lo que decía su hija, le ayudó a poner la manta en una de las paredes laterales del local.

$$\gg\!\!\prec$$

Todavía no daban las diez cuando Beatriz entró a la mercería un poco apenada.

—¡Buenos días, Beatriz! –dijo María Iluminada con mucho ánimo.

La tierna mujer cincuentona se ruborizó, contestó al saludo de la niña y saludó también a Rosario. Después, se quedó parada junto al mostrador sin saber qué decir. María Iluminada notó su confusión de inmediato.

—Pasa, Beatriz, vamos a platicar acá adentro.

Entonces la niña abrió la puertita del mostrador y le señaló a Beatriz el pequeño cuarto que supuestamente sería la bodega del local. La mujer sonrió emocionada y entró con rapidez al cuartito, se sentó en una de las sillas y atrás de ella entró María Iluminada, quien hizo lo mismo en la otra. La luz estaba prendida porque, aunque era de día, no entraba mucha iluminación por la pequeña ventana. En seguida, entró Rosario cargando una jarrita con agua y dos vasos.

—Las dejo.

—Gracias, mamá.

Rosario cerró la puerta y atendió a un cliente que llegaba al local.

—¿Cómo has estado, Beatriz?

—Bien, María Iluminada.

—¿Estás segura?

—Sí. Bueno, no peor de lo que me siento siempre.

—Entonces hace mucho tiempo que no te sientes bien.

—La verdad, tienes razón. Ya no me acuerdo cuándo fue el último día en que no sentí esta opresión en el pecho.

—¿Tienes una idea de cómo empezó?

—No, no quiero analizar, no quiero acordarme.

—Todo empezó el día que tu padre murió y te quedaste con tu madre y tus hermanos. Él te amaba y respetaba, y fue una gran ausencia para ti.

—Mi madre y mis hermanos también me querían.

—Sí, pero de una forma equivocada. Beatriz, hay quienes aman a otros, pero no lo demuestran de una manera que deje una huella de cariño, calidez y contacto humano en sus semejantes porque se aman más a sí mismos y viven muy metidos en su propia locura.

—No entendí bien.

—Cuando tu padre se fue, te quedaste al lado de tres, especialmente de dos seres muy inconscientes: tu madre y tu hermana. Tu madre quiso sustituir la ausencia de tu padre poniendo todas sus expectativas en tu hermano; comenzó a vivir a través de él para soportar su pérdida. A tu hermana le dedico una mediana atención y a ti, por ser la más joven de las mujeres, te hizo a un lado.

—¡No, mi madre me quería!

—No dije que no te quisiera. La gran mayoría de las madres quieren a sus hijos. Pero muchas veces se equivocan en la forma de quererlos y acaban utilizándolos para remediar sus propias frustraciones o penas, y las de sus otros hijos. Ella te veía muy tranquila, obediente y pensaba que tú eras quien menos sufría por lo que pasaba en tu casa. Además, como era una mujer con ideas muy conservadoras y tradicionales, muy dentro de sí pensaba que tú te quedarías con ella para cuidarla hasta el día que muriera.

—¡No es cierto!

—No dije que fuera mala, sólo estaba equivocada. Dime, ¿qué sentías cuando la mayor parte de su atención y cariño eran para tu hermano y, lo poco que quedaba, para tu hermana mayor?

—No veía ningún problema en ello.

—Analízalo, Beatriz, cierra los ojos. Transpórtate a aquellos años de tu juventud. Acuérdate cuando corrías del comedor a la cocina y viceversa atendiendo a tu hermano y a tu madre, toda llena de estrés, escuchando sus gritos y sus órdenes. Estabas tan aturdida que no te dabas cuenta de nada, pero tu corazón sí sentía. ¿Qué sentía?

Beatriz cerró los ojos. Callada, dejó volar su mente a aquellos años y vio claro muchas escenas donde su madre le ordenaba, la regañaba, la corregía, pero todo relacionado con hechos que tenían que ver con su hermano y después con su hermana. Recordó cómo ella era siempre la última que se sentaba al comedor, en el lugar más alejado, porque su madre ocupaba la cabecera de la mesa y su hermano y su hermana permanecían a su lado. Y como su madre, con la excusa de que ella quedaba más cerca de la cocina, le ordenaba que les sirviera la comida. También recordó cómo la plática giraba en torno a las vidas y logros de los otros dos hijos. Y aun cuando su hermano lo notara y tratara de incluirla con amabilidad en la plática, la madre la callaba de manera brusca y volvía a la charla de antes entre ella, Yolanda y Eduardo. Volvió a ver los kilos de ropa que tenía que lavar a mano, pese a que ella asistía a la Normal para acabar su carrera de maestra y tenía mucho estudio y tareas. Y al final recordó que cuando se quedaba sola con su madre, ella no le preguntaba de sus anhelos, de su escuela, de sus ilusiones románticas, sino que se limitaba a hablarle otra vez de sus hermanos y soltar algunas esporádicas felicitaciones por lo bien atendidos que los tenía.

Algunas lágrimas empezaron a correr por las mejillas de Beatriz y, sin abrir los ojos, sacó un pañuelo de su bolsa para secarlas.

—Me sentía invisible.

—Sentías que no te apreciaban ni valoraban. Utilizada, sola, no querida, no amada.

—Sí, es cierto, ¡es cierto!

Beatriz lloraba profusamente. María Iluminada la observaba tranquila y con mucha ternura.

—Discúlpame por hacerte sentir así, no era mi intención. Pero lo que sientes ahora no es peor que cómo te has sentido desde hace muchos años, sólo que ese dolor estaba latente. Y, además, no hay otra forma de que transformes tu vida. Sólo afrontando nuestros peores sufrimientos, no negándolos, ni evadiéndolos, es como podemos asumirlos y transformarlos en aprendizajes, Beatriz. ¿Quieres seguir hablando o quieres venir otro día? ¿O ya no quieres volver?

—Sí, sí quiero seguir hablando contigo. Me estás diciendo todo lo que yo ya sabía, pero lo había negado, evadido por tantos años. Y tus palabras son muy claras, mi corazón me dice que me vas a ayudar mucho. Es sólo que en este momento necesito tranquilizarme. Tú me entiendes, ¿verdad?

—Claro, Beatriz. Vuelve cuando quieras. Aquí te estaré esperando.

Beatriz iba a levantarse, pero antes lo hizo María Iluminada, se acercó a ella y tomándola suavemente de las mejillas le besó la frente.

Rosario la vio salir a toda prisa por la puerta del local sin siquiera decir adiós.

—¿Qué pasó, hija? Porqué salió corriendo Beatriz, ¿iba llorando?

—No pasa nada, mamá. Vas a ver muchas cosas que parecerán fuera de lo común, pero serán normales.

Adiós al pasado

Desde que Rosario abrió la mercería le fue muy bien en el negocio, ya que varias personas al día acudían a ver a María Iluminada y mientras esperaban su turno, por pena, compraban cualquier cosa que les hiciera falta o simplemente se les ocurría como pretexto mientras esperaban sentados en los banquitos que Rosario había dispuesto alrededor de una mesa larga de madera pintada de blanco para las clases de tejido que se daban por las tardes de martes y jueves.

—¿Y quién es, hija? –preguntaba Rosario cada vez que salía alguien del improvisado lugar de visitas de la niña.

—Un alma medio dormida, mamá. Pero no te puedo platicar los detalles recuérdalo.

Otro día:

—¿Y a éste qué le pasó? ¿Por qué sale azotando la puerta tan enojado?

—Otro ser que vive en la inconsciencia, mamá, ya se calmará y volverá, te lo aseguro. Pero, no puedo revelarte lo que ellos me cuentan.

Así se sucedía a diario el desfile. De clientes para Rosario, y de *encargados* para María Iluminada, como ella los llamaba.

Más o menos a la semana de abierto el local, se apareció por ahí don Arturo del Solar. Con la pinta anticuada e impecable como era su costumbre se presentó con Rosario.

—Buenos días, señora.

—Buenos días, señor.

—Arturo del Solar. Encantado.

—Yo lo conozco. ¿Dónde lo he visto?

—Soy actor, de seguro habrá sido en alguna de las muchas películas que hice.

Ella se le quedó viendo pensativa.

—Son películas viejas, por lo menos de hace 20 o 30 años.

—¡Es verdad! Ya lo reconocí. Lo vi en una donde era el sobrino de un señor muy rico y acababa matando a su tío, ¿no?

—Debe ser, señora. Hice muchas.

—Qué gusto tenerlo por aquí, en qué le puedo ayudar.

—Yo soy cliente del señor de la cremería.

—De Efrén, sí, es mi esposo.

—Ah, qué bien. Fíjese que he venido preguntando los últimos meses por una chiquita que estaba en la caja de la cremería y que me dicen que es hija de don Efrén, bueno, de ustedes. ¿Sabe dónde puedo encontrarla?

—¡Claro, señor! Aquí mismo puede verla y platicar con ella cuando desee.

—¿En serio? Porque parecía que su esposo le molestaba.

—Por eso se pasó para acá conmigo. No se preocupe, aquí no tiene que actuar sigilosamente. Yo sé bien lo que hace mi hija y la apoyo. Por qué no se sienta un momento, ella está con otra persona, pero no tardará mucha. Si la espera, seguro hablará con usted y ahora pueden hacerlo con toda la calma y privacidad porque hasta le acondicioné la bodega del local como su cuarto de consultas.

—¡Qué bueno señora!, no sabe cómo…

—Cómo tiene ganas de hablar con ella para aclarar muchas dudas, ¿verdad?

Don Arturo del Solar se sonrojó, se sintió desnudado ante Rosario y contestó:

—Aquí la voy a esperar. ¿Le molesta si me concentro en mi lectura?

—Adelante. Yo tengo mucho material que ordenar.

En unos 15 minutos un hombre joven, vestido de traje y con gafas, salió de la bodega y de manera tranquila se despidió de Rosario y le dio las gracias para después salir silbando por la puerta del local. Atrás de él salió María Iluminada, quien tenía toda la intención de ir a la esquina por una paleta helada de melón. Por encima del mostrador vio la elegante silueta de don Arturo del Solar y con una sonrisa le dijo:

—Qué tal, Arturo, pasa, vamos a platicar.

El hombre, todavía sonrojado por la presencia de Rosario, se levantó, enrolló su periódico, lo puso bajo el brazo y entró por la puerta del mostrador hasta la bodega.

—Con permiso, señora.

—Adelante, caballero.

María Iluminada se sentó en su silla y le indicó a don Arturo que hiciera lo mismo en la de enfrente.

—Hace meses que no nos vemos, Arturo.

—Vine a buscarte varias veces a la cremería, pero me dieron el recado de que no estarías más ahí.

—Sí, yo me refiero a que han pasado meses desde que te dije lo que tú seguramente recuerdas, y me gustaría saber si lo has reflexionado y si has podido dilucidar a qué me refería.

—Recuerdo tus palabras, pero no, por más que le he dado vueltas en mi cabeza, no he podido entender qué quisiste decirme.

—Repíteme las palabras, Arturo.

—"Cuánto pesar hay en tus ojos, pero tú mismo te lo causas".

—Ya veo que sí las recuerdas bien y deduzco que entonces las has estado analizando.

—Durante meses.

—Y, ¿me equivoqué o es verdad que hay un pesar, un descontento, una inquietud, en una palabra, un sufrimiento que llevas cargando como una loza muy pesada en tu alma?

—No, no te equivocaste, por eso me sorprendí tanto. Por eso estoy aquí. No sé cómo lo sabes, pero no me importa.

—¿Crees qué te puedo ayudar?

—Contra toda lógica, algo me dice que sí.

—Todo eso que sientes, lleva ahí mucho tiempo, ¿verdad?

—Sí.

—¿Tienes idea de cuándo empezaste a sentirte así y a qué se debe?

—Más o menos.

—¿Quieres contarme?

—Yo nací en un pueblo muy chico, en la provincia. Mis padres tuvieron muchos hijos, así que como yo era de los menores, me dejaron ser muy libre. Cuando me hice muchacho, me percaté de que era atractivo para las damas, me aproveché de eso y me convertí en un mujeriego. Abandoné la escuela y, ya aquí en la capital, me dediqué a todo tipo de oficios, pero yo quería sacarle provecho a mi buena apariencia y empecé a rondar por los estudios de cine. En ese tiempo, de entre tantas muchachas con las que salía, hubo una que me quiso mucho, que se enamoró de veras de mí. Ella quedó embarazada y nos fuimos a vivir juntos. Mientras yo perseguía mi sueño de ser actor, ella se encargaba de mantenernos. El niño nació y por andar en mis andanzas, entre fiestas donde buscaba productores y amigos actores que me iban a ayudar a entrar al medio, los hice a un lado. Ya no le prestaba ninguna atención ni a ella ni al niño, no llegaba a dormir al cuarto donde vivíamos por andar en las parrandas y un día, así nada más, decidí irme. Los abandoné y me fui a vivir con una actriz incipiente que me prometía que me iba a ayudar a encontrar papeles en las películas donde ella empezaba a aparecer.

—Y llegó la culpa.

—Muy pronto. Como al año, yo ya estaba haciendo papeles muy chicos en algunas cintas. Intenté buscarlos, sobre todo al niño, quería ver por él. Regresé al cuarto que rentábamos, pero ya se habían ido de ahí y yo no conocía a su familia; ella nunca quiso presentarme a nadie porque tenía miedo de que sus familiares se dieran cuenta de que me mantenía. No había quien me diera informes. Fui a donde trabajaba, pero también había abandonado su empleo y no había dejado ninguna información. Nunca más supe de ellos.

—¿La querías?

—No exactamente. Fue más bien calentura y que ella me hacía las cosas fáciles. A quien sí adoraba era a mi chamaco. Pero me ganó más el ansia de fama, de realización, de dinero. O quizás no tenía que abandonarlos para ser actor. ¡Ya ni sé! Desde ahí me empecé a sentir mal.

—Arturo, lo que has dejado que te aprisione es un sentimiento muy destructivo, se llama culpa. Tú eres tu propio juez, y el más duro de todos. La culpa te incapacita para poder vivir tranquilo y sentirte feliz y, además, nada soluciona. Sintiéndote culpable nada puedes cambiar del pasado. Es un lastre que llevas contigo y que sólo tú te impones porque sientes que mereces ser castigado por lo que hiciste, y ese castigo que te infringes es no darte permiso de disfrutar nada en tu vida.

—¡Me lo merezco!

—¿Quién te ha señalado con el dedo? Nadie. Tú mismo. Arturo, para poder quitarte esa culpa de encima necesitas perdonarte.

—¿Cómo?

—Por un momento olvida que eres tú. Ve a ese muchacho humilde, recién llegado de provincia. Sin estudios. Trabajando de lo que podía. El joven se da cuenta de que en su apariencia tiene una herramienta para poder salir adelante. En el camino, se encuentra con una chica que lo quiere de verdad y tienen un hijo. Ese joven es inmaduro, no está capacitado para enfrentar una responsabilidad tan grande y sigue pensando en sus sueños y en qué va a hacer con su vida. La inmadurez y la necesidad lo orillan a tomar una decisión y continuar por otro camino. ¿Quién podría asegurarte que lo mejor para ese niño era que un joven así de confundido lo criara, o que la vida de ese niño ha sido una tragedia porque tú te fuiste?

—Se supone que un padre tiene la obligación de ver por sus hijos.

—Cierto. Yo sólo estoy tratando de reflexionar contigo acerca de cuáles fueron las circunstancias que te orillaron a decidir hacer lo que hiciste. Estoy segura de que no fue falta de amor.

Arturo del Solar permanecía callado, con la mirada sobre la mesa y los ojos húmedos.

—Lo que pretendo, Arturo, es que se te haga más fácil perdonarte a ti mismo y deshacerte de la culpa que tú solo te has impuesto al no permitirte disfrutar de nada, al no dejarte sentirte pleno, feliz. Si aprendes a amarte de verdad, sabrás comprenderte, darte cuenta de que tomaste una mala decisión en tu juventud, pero que era la única que se te ocurrió en ese momento a causa de tus condiciones. Sentirte culpable, desde entonces, sólo te llevó a seguir tomando malas decisiones después.

—¿A qué te refieres?

—Eres tú quien tiene que decirme ¿qué pasó después? ¿De repente aquel hecho se te olvidó y te convertiste en un ser humano pleno y dichoso?

—No, la actriz con la que vivía sí logró conseguirme algunos papeles secundarios. Empecé a ganar dinero. Pero al poco tiempo la dejé a ella también. Sólo la utilicé. Con los contactos necesarios, empecé a tener más y más trabajo. Gané buen dinero. Me vestía bien, compré una casa, autos de lujo. Seguí siendo un mujeriego. Tuve varias parejas. Me casé una vez, pero también acabé abandonando a mi esposa por miedo al compromiso.

—¿Amaste a alguna de esas mujeres?

—No, me juntaba con ellas porque eran mujeres muy hermosas, actricillas incipientes. Con el tiempo, todas las relaciones se acababan, creo que siempre fue mi culpa.

—¿Por qué?

—Porque siempre fui vanidoso, egoísta, dominante. Ahora pienso que nunca amé a nadie, sino a mí mismo.

—¿Cuáles eran tus emociones en ese entonces?

—Siempre estaba exaltado, buscando más y más de todo. Dinero, fama, mujeres. Pero había una permanente sensación de inquietud, de ansiedad y, a veces, de profunda tristeza, pero la disimulaba muy bien. Sólo pensaba en lo que ganaba, en lo que tenía y aunque por fuera siempre parecía contento y era muy agradable con todos los del medio, por dentro sentía una gran frustración y coraje porque los productores nunca se fijaban en mí para hacer un papel estelar.

—¿Por qué crees que deseabas tanto ese papel estelar?

—Porque quería ver en las marquesinas mi nombre con letras grandes: "Arturo del Solar en…", y no con las letras pequeñas de un actor mediocre y secundario. Yo tenía la galanura y el talento. ¡Era mala suerte!

—Continúa.

—El tiempo pasó. Como no pude forjarme un nombre como primer actor, ¡como la estrella que yo debí ser!, al ir apareciendo las canas, las arrugas y aflojándose el cuerpo empecé a tener muy poco trabajo. Papelillos insignificantes, el dinero ya no era el mismo, la gente empezó a olvidarse de mí y las mujeres hermosas nunca más me voltearon a ver. Tuve que mudarme a este barrio más modesto. Trabajé por un tiempo en el sindicato de actores por un sueldo irrisorio, y ahí conocí a la que hoy es mi pareja.

—¿Y tu estado emocional cambió con los años?

—Sí cambió, pero para peor. Aparte de ansiedad y frustración, se albergó en mí una profunda melancolía. A pesar de que la mujer con la que he vivido por 14 años es buena, decente y sé que me quiere de veras, porque vivimos sin ningún lujo, sólo de mi pensión y de alguna costura que ella hace en casa. A pesar de sus cuidados y prudencia, no he podido nunca levantar mi ánimo ni quererla como ella se merece.

—Arturo, quiero que me escuches con atención y cuando algo no entiendas, que me lo digas, porque en la comprensión está tu cura. ¿De acuerdo?

—Sí.

—Todos tenemos un cuerpo físico, una mente y un alma. Nuestro cuerpo físico nos fue dado para movernos por este mundo, como si fuese un automóvil. Está sujeto al deterioro, las enfermedades, la vejez y la muerte. Todos lo experimentamos día con día, cuando somos jóvenes casi no lo notamos, pero llega la mediana edad y este proceso se acelera de manera vertiginosa. ¿Estás de acuerdo?

—Cómo no voy a estarlo si lo estoy viviendo desde hace años. Es algo evidente y desastroso.

—Tienes razón. Lo bueno es que no somos nada más ese cuerpo físico. Ahora hablemos de la mente. Ésta nos fue dada para resolver problemas prácticos de nuestra existencia. Por ejemplo, aprender en la escuela todos esos conocimientos que nos servirán, más tarde, para ponerlos en práctica en alguna profesión. O aprender los conocimientos que como técnicos emplearemos después cuando salgamos de la academia para ganarnos la vida. O para resolver problemas y realizar actividades cotidianas, propias de la vida, que nos ayuden a sobrevivir.

—A ver, dame ejemplos claros.

—Cuando un ingeniero hace cálculos para la construcción de un edificio; cuando un cocinero saca cuentas de los ingredientes que necesita para el menú; cuando una mamá organiza a los tres niños que tiene que bañar, alimentar y llevar a la cama; cuando el señor de la tienda hace números para sacar su ganancia del día y dejar lo necesario para pagar a sus proveedores; o la señora que ayuda en la iglesia organiza una rifa y se pone a hacer los boletos para reunir fondos con la intención de arreglar el altar; o, ¡mira!, cuando tú, como actor, tenías que aprenderte las líneas que ibas a decir en cada escena en la que tomabas parte en una película. En todas esas labores es la mente la que está funcionando, organizando, calculando, comparando, memorizando.

—Entonces, es muy útil, ¿no?

—Sí, muy útil. Hasta ese punto, cuando la usamos como un instrumento para cumplir nuestro propósito de vida exterior. Pero si la dejamos funcionar todo el tiempo, se apodera de nosotros. Y es entonces cuando nos utiliza para sobrevivir.

—No entiendo.

—¿Por qué crees que santa Teresa la llamaba la loca de la casa? Tú eres la casa y ella es una loca que habita en ti. Si no la controlas, estarás siendo siempre manejado por ella. Dime una cosa, Arturo, cuando eras joven, ¿no te la pasabas anhelando *algo* que llegaría en el futuro, y después que estabas viviendo ese *algo*, estabas realmente esperando a que otro más grande llegara para sentirte pleno, feliz o realizado?

—Sí, creo que así vivía.

—De seguro así vivías, dejando que tu mente se encargará de llevar la batuta. Nunca estabas tranquilo, ni en el momento presente, fuera cual fuera. Tu mente te transportaba al día, a la semana o al mes siguiente. Entonces, tú no estabas realmente presente ahí. No estabas consciente.

—Consciente.

—Exactamente. Estabas en otro lugar, en otro momento, en otra circunstancia. Y eso te privaba de vivir, de sacar el máximo provecho de cada uno de los instantes de tu vida. Siempre querías más. Suspirabas por actuar determinado papel en una película, pero cuando lo conseguías ya estabas pensando que era poca cosa y tu mente te llevaba a imaginarte actuando en un *set* más grande, con un productor más conocido, en una película de mayor presupuesto. ¿Me equivoco?

—No.

—Tu mente te usaba. Y te provocaba ansiedad, inquietud, insatisfacción, obsesiones. Ahora, analicemos que es lo que has estado haciendo estos últimos años. Cuando la cantidad de trabajo fue disminuyendo y te llamaban cada vez menos para actuar, tu mente empezó a devolverte al pasado. Ella te hizo creer que sólo eras el actor, el gran actor, el hombre guapo y joven que enamoraba a las mujeres por doquier. Y que los autos nuevos que manejabas, la ropa cara que vestías, la casa enorme en un barrio residencial donde vivías, eso, eras tú. Cuando estos bienes materiales empezaron a desaparecer, cuando comenzaste a envejecer, tu mente te dijo que tú ya no eres tú, que te has acabado, que te habías destruido. Y entonces te lleva de manera continua al pasado y te impide vivir cada uno de tus momentos presentes, con alegría, con aceptación, con tranquilidad. ¿Por qué crees que vives tan ausente, inquieto y melancólico?

Arturo del Solar se quedó callado, con la cabeza agachada y la mano izquierda sobre la frente, como repasando una cinta de su vida y dándose cuenta en ese preciso momento de que todo lo que María Iluminada le había dicho era cierto. Que cuando empezó a actuar siempre estaba ansioso por alcanzar algo más grande. Que ahora que lo analizaba, nunca había estado tranquilo, verdaderamente alegre o satisfecho.

Que siempre buscaba más: trabajo, prestigio, fama, dinero, lujo, mujeres. Y que nunca disfrutaba el momento que estaba viviendo. Que preso de esa inquietud, de ese desasosiego, los años pasaron, las circunstancias cambiaron y, entonces, el sufrimiento se volcó en sentido opuesto, ahora era por el pasado, por lo ya vivido y que se fue. Llevaba mucho tiempo lamentándose, renegando, suspirando por los años de su etapa de actor, cuando vivía como él quería, como él se merecía.

¡Qué ridículo!, pensó. ¡Pero si no había estado viviendo realmente! ¡Todo había sido como la vida de un fantasma! Arturo del Solar sintió un escalofrío que le recorrió todo el cuerpo, como un espanto, y volteó a ver con los ojos húmedos y suplicantes a María Iluminada.

—¿Qué sientes, Arturo?

—Una gran tristeza por haber desperdiciado tantos años de mi vida. Pero… –Arturo del Solar se quedó callado, subió la cabeza y viendo hacia el techo de la pequeña habitación continuó–. Creo que acabó de entender algo muy importante, siento como si estuviese despertando de un sueño, me veo actuando como un loco, ¡y no quiero seguir así!

—Qué alegría, Arturo, ¡acabas de despertar! Si de ahora en adelante te entrenas en estar siempre en el aquí y en el ahora, en presencia, consciente, vas a empezar a vivir realmente. Esa presencia te abrirá un mundo de tranquilidad, de satisfacción, de calma para saber qué quieres hacer de tu vida momento a momento. Y, además, te dará la sabiduría para perdonarte por los errores cometidos porque ya aprendiste de ellos, pero ya no existen más. Que tú eres quien está en este cuarto platicando conmigo, y que si has comprendido que sólo existe el momento presente no volverás a sufrir, ni a añorar ni a creer que todo tiempo pasado fue mejor, porque ahora sabes que estarías actuando como un loco. Como alguien que sufre por algo que no existe. No volverás a inquietarte por ningún futuro porque no existe tampoco. Y cuando un ser humano ha despertado, sus acciones se vuelven más prolíficas y toda su vida mejora porque ahora vivirá en conciencia, en la aceptación de lo que es, lo único que es, en cada instante y sólo en cada instante, en sintonía con el ritmo sabio del universo.

—Quizás no entienda bien todo lo que me dices, pero sé que estaba mal y quiero ser diferente por el tiempo que me reste de vida.

María Iluminada platicó unos minutos más con este hombre, ahora reflexivo y tranquilo. Entonces él salió de la bodeguita, se acercó a Rosario, le extendió la mano y sin preguntarle le dio un cálido abrazo.

—Gracias, señora. Gracias por traer al mundo a una niña tan… –y no pudo continuar hablando, sus ojos se llenaron de lágrimas, sacó su pañuelo y salió del local con lentitud.

Inmediatamente después, María Iluminada salió del pequeño cuarto con la jarrita de agua vacía y los dos vasos para lavarlos.

—¿Qué pasó, hija? ¿Todo bien?

—¡Todo muy bien, mamá!

Rosario no preguntó más pues su hija nunca le daba detalles de la vida de ninguna persona. Y la conmovida madre sabía que eso era parte de la misión de la niña.

La curiosidad de Ara

—¡Cómo es posible esto, Rosario, me engañaste! Me dijiste que estabas deprimida y querías poner un negocio, pero lo que en verdad estabas haciendo era buscar un lugar donde María Iluminada pudiera seguir con sus locuras. ¡Hasta un letrero la dejaste poner! La gente va a pensar que somos una familia de locos.

—No son locuras, Efrén.

—Cómo no van a ser locuras. La niña debía de haber entrado hace un año a la secundaria, como todas las muchachas de su edad, y no estar con su madre en un negocio todo el día hablando con la gente. ¿Qué tanto les dice? ¡Hasta puede ser peligroso para ella!

Alegaba Efrén, quien por fortuna había esperado a que sus tres hijos se retiraran a sus recámaras. Rosario le sirvió un poco del postre de guayaba que había sobrado de la comida y fue a las recámaras de sus hijos a revisar que estuvieran preparándose para dormir. Efrén trato de continuar la discusión, pero Rosario le hizo la seña de que guardara silencio por un rato.

—No, Efrén. Mira, siéntate. Tranquilízate.

Efrén se sentó mientras su esposa lo tomaba de la mano con ternura. Así estuvieron por un largo rato con el radio prendido en una estación que tocaba música clásica, Rosario entonces volvió a levantarse para ver que los muchachos estuvieran dormidos. Después de corroborarlo contestó:

—Yo no te engañé, mi vida, de veras estaba muy aburrida aquí en la casa ahora que los muchachos ya son adolescentes y salen mucho. Estar en el negocio me ha dado nuevos ánimos y, sí, de paso le encontré un lugar a María Iluminada para cumplir con su misión.

—¿Misión, cuál misión?

—La que todos tenemos que cumplir en nuestra vida, Efrén. Como la tuya y la mía, que ha sido formar una pareja estable, con un hogar digno en donde pudiésemos criar a los tres hijos que engendramos y ayudarlos a volverse personas de bien. Tu misión ha sido traer el sustento; la mía, administrarlo y cuidar de esta casa y de los hijos. Así, la niña tiene una misión. Tú bien sabes, Efrén, que María Iluminada no nació para casarse y tener una familia ni para ejercer una profesión, ambos sabemos de su situación física.

—¡Pero si es muy lista! Ya ves como la adelantaron de año.

—A ella no le interesa continuar en la escuela y lo que ves tan avivado en ella no es su inteligencia, es su espíritu.

Efrén se quedó callado por prudencia y por qué no entendió lo que le dijo Rosario. Levantó la mirada, ya más tranquilo, y contestó:

—Sí, yo lo sé, sé que mi niña está tan frágil, que nació con su problema y no se ha desarrollado bien. Se me parte el alma, Rosario, quizás es por eso que me alejo de ella, porque no soporto el dolor de verla tan… tan… diferente.

—Pero ella es feliz, Efrén. Es que no te has dado la oportunidad de conocerla, ella es feliz y es una niña muy especial que tiene mucho que dar al mundo. Sólo confía en ella, ¡déjala ser!

Efrén abrazó a su esposa con los ojos llenos de lágrimas y le preguntó:

—¿Estás segura de que lo que está haciendo está bien? ¿De que le hace bien a ella y a las personas con quienes platica?

—Absolutamente, Efrén. Estoy segura. No puedes imaginarte con cuánta sabiduría nació esta niña, y su misión es ayudar. Confía en mí, quién crees que la pueda amar más que yo, y que tú, por supuesto.

Efrén acabó por estar de acuerdo, sin entender claramente a qué sabiduría ni a qué misión se refería su esposa. Pero su corazón decidió confiar en ellas y no seguir resistiéndose a lo inevitable. Se retiró a su recámara, pero antes de acostarse prendió un rato la televisión. Rosario permaneció en la cocina y terminó de limpiar.

De pronto, Efrén vio entrar en su habitación a su pequeña hija vestida con su camisón rosa con flores blancas. La niña se sentó junto a él en la cama.

—¿Ya estás más tranquilo, papá?

—¿Por qué lo dices, hija? –contestó Efrén, suponiendo que la niña no sabía nada de la discusión que había tenido con Rosario.

—Porque siento como que hoy fue un día difícil para ti. Que estuviste inquieto, preocupado, hasta enojado.

—No, no, hija. Todo está bien.

Efrén se sentó en la cama, junto a su hija, y abrazándola le dio un beso en la frente.

—¿Seguro?

—Seguro.

—Qué bueno, papi. Porque yo te quiero mucho y lo que menos querría en el mundo es hacerte sufrir.

—No, hija, vete a dormir tranquila, todo está bien.

María Iluminada permaneció unos minutos tomando la mano de su padre, después lo beso en la mejilla y se fue a dormir. Efrén sintió como si la niña se fuera a un lugar muy lejano y se le aceleró el corazón.

En ese momento, entró Rosario a la recámara, arrastrando los pies por el cansancio del día.

—Acaba de venir María Iluminada a hablar conmigo. Ojalá que no haya escuchado la conversación. Le dije que todo estaba bien.

—¿Cuándo?, ¿ahorita?

—Sí, se acaba de ir a su cuarto.

—No puede ser, Efrén, hace como una hora, antes de que empezáramos a platicar, yo la vi en su recámara y estaba dormida. Y ahorita que salí de la cocina, antes de entrar al baño para lavarme los dientes, volví a ver el cuarto de las muchachas y las dos están bien dormidas. ¡María Iluminada hasta roncando está!

—Te digo que estuvo aquí, traía su camisón, ese rosa con flores blancas, y platicó conmigo, hasta me abrazó.

—Efrén, la niña no se fue a dormir con su camisón rosa. Tiene puesta la pijama de vaquitas negras que le dio mi hermana en su cumpleaños.

Efrén se sintió mareado y pensó que se estaba volviendo loco o que algo muy extraño acababa de suceder.

—¡No puede ser, Rosario, no estoy loco!

De tanto convivir con su hija, Rosario alcanzaba a comprender que lo que acababa de pasar no era una mentira o alucinación de Efrén. No sabía cómo había sucedido, pero no necesitaba explicaciones. Sólo trato de calmar de nuevo a su marido.

—Efrén, tranquilo, seguramente yo me equivoqué y la niña se levantó mientras yo me lavaba los dientes. El caso es que ya estás más tranquilo y ya hablaste con ella.

—Sí.

Efrén tampoco quiso escudriñar más en el suceso y, entre su confusión y asombro, le llegó una súbita sensación de que la niña era especial en verdad. Apagó la tele, le dio un beso a su esposa e intentó dejar de pensar en lo acontecido para poder dormir.

❦

A la mañana siguiente, en cuanto Rosario y Jaimito echaron para arriba las dos cortinas de la mercería, ya estaban adentro del local varias personas. Tres señoras mayores y una joven muy bonita. Dos de las señoras preguntaron por botones y estambres, y la otra se sentó junto a la bodega en la primera silla de las que estaban alrededor de la mesa de tejido. Junto a ella se sentó la muchacha.

—Disculpe, señora, ¿va a pasar a hablar con María Iluminada?

—Sí, señorita.

—¿Tiene mucha prisa?

—No.

—¿Me dejaría pasar primero, por favor?

—Sí, pásele.

En ese momento, la niña entró al local comiéndose un pedazo de queso que le había dado su padre en la cremería. Ahora, ya todos habían aceptado que hiciera lo que tenía que hacer.

—Buenos días, señoras. Buenos días, Ara.

Ara se quedó petrificada. Entonces, Rosario le indicó amablemente que pasara porque notaba el nerviosismo de la muchacha.

—Gracias.

Ara se sentó frente a María Iluminada, quien ya había prendido el foco del cuartito y abierto la ventana, pero dejó la cortina cerrada.

—Me da mucho gusto verte de nuevo, Ara. Tranquilízate, estás muy inquieta y no tienes por qué.

Ara se sintió menos desconfiada, se acomodó bien en la silla y entonces preguntó:

—¿Cómo te llamas? No me acuerdo si me has dicho tu nombre.

—María Iluminada.

—María Iluminada, qué raro nombre. Oye, estoy un poco asustada, ¿por qué sabes cosas sobre mí?

—¿A eso viniste, a que tu mente logré explicar el porqué de todo? ¿Viniste a verme para hablar de mí? No lo creo, Araceli.

La muchacha se quedó callada, y aunque iba con toda la intención de indagar hasta el último detalle acerca de esta misteriosa niña, de pronto dejó de pensar y una calma que hacía mucho que no sentía la invadió.

—Ara, cuando dejas que tu mente te controle, ella utiliza siempre el miedo como arma para tenerte sujeta. Llevas muchos años presa de varios miedos. Cuando eras pequeña, eras muy temerosa de todo, pero eras una niña y en esa etapa de la vida es común que ese sentimiento nos invada porque estamos descubriendo el mundo. Después, tenemos que dejar que nuestro verdadero yo aflore y dominar a nuestra mente para darnos cuenta de que el desfile de monstruos que nos presenta ¡no existe! Cuando te enteraste por primera vez de la enfermedad de tu madre, le diste todo el control a tu mente miedosa y has vivido como en una pesadilla, ¿estás de acuerdo?

—¡Sí, sí! ¡Tengo miedo de verla sufrir, de sufrir yo, de todo lo que le fuera a pasar, de perderla, de que se muera! Y con mi padre igual, al enfermarse mi madre todos esos miedos los sentí también por él, y ya ves, se murió de repente. ¿Cómo no quieres que tenga miedo?

—La muerte y el dolor, Ara, son el destino de todo ser humano. Son parte inseparable de la vida misma y tienen un fin divino. El sufrimiento, por ejemplo, lo vemos como algo terrible, pero en realidad es un regalo que se nos hace para aprender y conectarnos con nuestra espiritualidad. En momentos de intenso sufrimiento, uno no se da cuenta de esto, y se enoja, maldice, reniega, y la tristeza parece llenarlo todo; pero cuando las aguas de la desesperación empiezan a bajar, recogemos los dulces frutos de sabiduría, fortaleza y crecimiento que ese suceso doloroso nos dejó.

—Cómo voy a creerte, ¿qué dulce fruto he recogido yo del sufrimiento por la muerte de mi padre y por la enfermedad de mi madre?

—No has recogido frutos porque te has negado tu misma la oportunidad. Para aprender, necesitas abrirle las puertas al sufrimiento, dejarlo ser. Nadie puede evitarlo completamente y tú has querido hacerlo por mucho tiempo. Eso te ha llevado a fracasar en tu intento y a no obtener ningún provecho de esos sucesos dolorosos, esas lecciones de vida, que si las hubieras aceptado desde el principio, tu espíritu ya habría crecido en gran medida.

—No te entiendo.

—Escucha, Ara, voy a repetírtelo. La muerte es el destino de todo ser humano, pero estamos hablando de su cuerpo físico, que es como un automóvil que se le da para moverse por este mundo y que está sujeto al desgaste, al deterioro y a dejar de funcionar. No sucede así con el espíritu, el alma, la esencia divina de cada uno; hay muchos nombres para llamar a ese algo que es lo que te mueve, lo que eres verdaderamente tú. Ese algo es inmortal. Cuando el cuerpo físico deja de funcionar, el alma, espíritu o esencia divina se desprenden de él y, habiendo aprendido las lecciones que le fueron encomendadas en esta tierra, pasa a otro nivel de existencia, otra dimensión más elevada. Toma parte del proceso de la eternidad y sigue existiendo con parámetros muy difíciles de entender para nosotros los humanos. Sólo algunos iluminados han podido acceder a ese conocimiento y explicarlo. Pero estas son las bases.

—Entonces, ¿cuál es el sentido de la vida? ¿Sufrir?

—No, sino aprender del sufrimiento las lecciones que cada uno tiene que aprender. Convertirnos en un alma cada vez más sabia. Ése es el propósito interior y último de tu vida y de la mía. Propósitos externos hay muchos: estudiar, convertirse en doctor, construir grandes edificios, ser una buena madre, un exitoso comerciante, un dedicado maestro, o, ¿no me ves a mí? Lo que estoy haciendo al hablar aquí contigo y con muchas personas más, tratando de orientarlas, ése es mi propósito externo.

—Cómo dices entonces, yo no he aprendido nada, si llevo años sufriendo mucho.

—Tal parece que has estado sufriendo sin mucho provecho. Ara, tu padre se tuvo que ir porque era su momento de hacerlo. Cuando su cuerpo dejó de funcionar, cuando murió, él no se extinguió, no dejo de existir, lo que realmente pasó es que inició su transición hacia otro plano de la existencia. Dios determina cuándo llega ese momento para cada alma y nada lo puede impedir ni cambiar. Es como una graduación, cuando has terminado el ciclo de la primaria y tienes que dejarla y empezar con el siguiente nivel de estudios, no te puedes quedar ahí para siempre. Hay quienes dejan su cuerpo de repente, como tu padre, y hay otros a quienes les toca vivir un extenuante proceso, como a tu madre.

—¿Mi madre? –la voz de Araceli se quebró y bajó la mirada para no enfrentar los ojos de María Iluminada.

—Sí, tu madre. Esa mujer a través de la cual llegaste a este mundo y que te ama sin medida desde antes de conocerte. Todo estaba muy bien y tú correspondías a su cariño hasta que enfermó. Ahí empezó ese tremendo sufrimiento del que me hablas. Lo único que pasó es que su cuerpo aceleró su deterioro para, cuando sea el momento justo, liberar a su alma. Pero este tipo de procesos suelen ser largos y dolorosos, física y emocionalmente. Lo que se te puso en charola de plata es una de las experiencias más enriquecedoras y de más aprendizaje en tu vida, pero has decidido rechazarla.

—¡Yo no quiero verla sufrir!

—Muchas veces la vida no nos da otra opción, Ara. Dejarte vencer por el miedo al sufrimiento ha sido muy injusto para ti y para ella. El dolor va a estar presente a lo largo de tu vida en incontables ocasiones, y sólo puedes asumirlo, enfrentarlo, hacerlo tuyo y, así, aprender de él. Tu madre te ha necesitado desde el día en que recibió el primer diagnóstico de su enfermedad, hace años. Ha sido un camino muy doloroso para ella, pero le está puliendo el alma y le está dando grandes lecciones a su espíritu. Es lo que le ha tocado aprender, pero tu debiste haber estado a su lado para hacerle menos difícil y más provechoso el recorrido. Todavía puedes hacerlo.

—¡Es que no puedo!

—Claro que puedes, eres un alma fuerte y misericordiosa, sólo tienes que ser valiente. Cuando un ser humano enferma de manera grave o terminal como tu madre, se abre para él, y para todos los que lo rodean, un abanico maravilloso de posibilidades en cuanto al crecimiento espiritual de todos los involucrados. Los enfermos, como tu mamá, más que cuidados médicos necesitan atención, comprensión, cariño y compañía. Necesitan saberse queridos, pues no sólo están lidiando con el dolor físico, sino también con la carga emocional, a veces muy negativa, de lo que hicieron mal o dejaron de hacer en sus vidas. Todo esto les hace más pesado el tránsito por este camino. Requieren que los ayudemos a dejar atrás toda emoción negativa, toda culpabilidad, todo remordimiento. Tenemos que hacer la labor llena de misericordia para liberarlos, con nuestras palabras dulces y comprensivas, de todo pesar emocional. Al darles este amor, nosotros también estamos creciendo y nos estamos transformando.

Cuando logramos que el enfermo esté en paz, hasta su dolor físico tiende a disminuir. Los estamos ayudando a prepararse para el momento de su partida, de su transición.

—No puedo ni pensar en que mi mamá se muera, y si fuera en mis brazos, ¡me volvería loca!

—No, Araceli, si comprendes lo que te acabo de explicar acerca del destino de todo ser humano, de la transición, de nuestra eternidad como almas y el papel secundario de nuestro cuerpo, la importancia de que vayas ahora mismo a ver a tu madre y seas la mano amorosa que ella necesita para terminar su recorrido. Si me crees y actúas de acuerdo a este conocimiento, te aseguro que, si ella llega a morir en tus brazos, te invadirá una paz que nunca imaginaste. Tu tristeza por no verla más ocupará un papel secundario y tu duelo será mucho más ligero. De entrada, ya no serás la misma que ahora porque cada detalle, cada cuidado, cada palabra amorosa y de agradecimiento, cada momento compartido con ella te convertirán en una mujer más valiente, más sabia, más espiritual. Ella es ahora la mejor maestra que puedes tener y su tiempo contigo se está acabando, así que corre a su lado. Y ¡empieza a crecer, muchacha!

María Iluminada tomó con sus pequeñas y blancas manos las de Araceli. Los ojos de ambas se veían profundamente. Araceli sintió una suave sensación que le llegaba a través de las manos de la niña, era parecida a una descarga eléctrica, pero placentera. Apareció frente a ella la imagen de su madre recostada, preguntándole cuándo volvería. Parecía haber comprendido de repente el gran error en el que había estado con respecto a su madre y con ella misma. Sin embargo, en lugar de sentirse desesperada o culpable, la sobrecogió un manso entendimiento.

—Me tengo que ir, María Iluminada. Necesito abrazar a mi madre. Gracias. Tu misión está ayudando mucho a la gente.

Araceli salió del local sin despedirse de Rosario.

—¿Ya acabaron, hija?

—No, mamá. Ella está a punto de empezar.

El mismo diagnóstico

Gracias a la aceptación plena y consciente de Efrén hacia la labor de su hija, un período de paz y de intrínseca complicidad unía a María Iluminada con sus padres. Cada vez era mayor el número de personas que llegaban a la cremería preguntando por la niña, y Jaimito, Efrén o la nueva empleada que habían contratado los mandaban a la mercería. Y es que, con la popularidad de la pequeña en la colonia, la cremería cada día vendía más y era necesaria más ayuda para atender a la gente y mantener limpio el local y los refrigeradores. En cuanto a la mercería, pasaba lo mismo. La presencia de María Iluminada y sus encargados hacía que Rosario estuviera muy ocupada despachando a los clientes, en especial señoras que compraban estambres y agujas y tomaban la clase de tejido mientras esperaban su turno para hablar con la niña. Tuvieron que abrir un horario matutino y otro vespertino para la clase que duraba dos horas.

Durante la comida, los hermanos, Efrén chico –ahora de 17 años– y Chayito –de 15–, no desaprovechaban la oportunidad y trataban de sacarle a su hermana cualquier información interesante acerca de la gente que la visitaba. Ella siempre callaba con una mirada tierna y Rosario les contestaba:

—Dejen de molestarla con tantas preguntas. A ustedes puede parecerles un juego, pero no lo es. Lo que su hermana hace es como una profesión.

—¿Sin haber estudiado? –preguntó una vez Efrén chico.

—Sí, sin haber estudiado. Es lo que se llama un *don*. ¿No han oído que esta o aquella persona nació con el don para el canto o para la pintura?

—Como Pedro Infante –señaló Efrén padre–. Era un gran cantante y un actor natural, nunca estudió para llegar a serlo.

—¿Y cómo se le llama al *don* con el que nació María Iluminada? –preguntó Chayito intrigada.

Efrén y Rosario se voltearon a ver sin saber exactamente qué contestar. María Iluminada tocó la mano de su madre y ésta respondió inmediatamente.

—No tiene importancia el nombre. Lo que ella sabe naturalmente es cómo guiar a las personas para que mejoren sus vidas.

—¿Y si lo llamamos *sabiduría*? –remarcó Efrén padre.

—No, papi, será mejor que no le pongamos nombre a lo que hago, hacerlo bien es lo que importa en verdad –aclaró María Iluminada con la voz dulce y bajita con la que siempre hablaba.

✂

Un lunes, como cada lunes, los muchachos se alistaron para irse a la escuela. Rosario, Efrén y María Iluminada desayunaron con más calma y, después de haber lavado los platos, se dirigieron a cumplir con sus respectivas labores. Apenas Rosario subió las cortinas de la mercería, cuando ya estaban adentro un señor de mediana edad y una joven que, por su sencillo aspecto, parecía recién llegada de alguna comunidad rural. Discutieron un poco acerca de quien llegó primero y, finalmente, entró la muchacha al cuartito de María Iluminada. Todavía no terminaba de sentarse cuando salió toda espantada y le gritó a Rosario:

—Señora, señora, la niña se puso azul, ¡y se está como desmayando!

Rosario aventó los hilos que traía en las manos, corrió a la bodeguita y le pidió a la muchacha que llamara inmediatamente al señor de la cremería. Efrén cargó a María Iluminada y los tres partieron rumbo al hospital donde estaba el cardiólogo que había visto a la niña los últimos años.

❧

—La estenosis valvular que padece su hija se ha hecho más severa –explicó el doctor después de estabilizar a la niña y hacerle todos los estudios pertinentes.

—¿Qué le pasó, doctor? ¿Qué tenemos que hacer? –cuestionó Efrén Asustado.

El doctor preguntó entonces:

—¿Qué edad tiene la niña ahora?

—Tiene 12 años y medio –contestó Rosario.

—Déjeme ver, aquí en mis notas tengo la fecha… sí, hace seis años fue que les expliqué la condición de su hija de la niña. En ese entonces les dije que yo no recomendaba llevar a cabo la cirugía de corazón para solucionar el problema. Les comenté también sobre el cateterismo, que consiste en introducir un tubito hasta la válvula y tratar de agrandar el estrechamiento. En aquel momento me pareció oportuno dejar a la niña en paz, ya que su coloración azul era muy tenue y aparecía sólo de vez en cuando. Quiero que me digan, ¿qué tan seguido le han sucedido estos eventos de coloración y desvanecimiento en los últimos meses?

—Desde que lo vimos hace seis años doctor, yo creo que le ha pasado unas tres veces, y los desvanecimientos han sido muy leves, ninguno como el de hoy. Pasados unos segundos, ella sola reaccionaba, y la coloración azul desaparecía en minutos. Después, quedaba fatigada y yo la recostaba todo el día. Siempre he tratado de alimentarla lo mejor posible y de cuidar que no haga esfuerzos físicos grandes.

—Siento decirles esto, pero los estudios muestran que el estrechamiento de la válvula se ha acentuado, por eso le sucedió el evento de hoy. La válvula se comprimió por un período más largo y dejó de pasar suficiente sangre limpia a los pulmones de la niña, por eso ese color azul tan pronunciado y el desmayo más largo que los anteriores. Su hija, aunque ha crecido, sigue siendo muy pequeña y delgadita, pero aun así, pienso que es necesario recurrir a cualquiera de las dos opciones para ensanchar esa válvula. De otra manera, puede tener otro evento como éste en cualquier momento. Y si el cierre de la válvula dura poco más que el de hoy, sería mortal para la niña. Si me preguntan por cual opción optaría yo, les contestaría que la cirugía. Es más arriesgado, sí, pero para como se ha estrechado la válvula, no creo que un cateterismo funcione. Creo que debemos hacerle una cirugía de pecho abierto.

Rosario y Efrén se tomaron de la mano y se voltearon a ver, preguntándose con la mirada: "¿Qué vamos a hacer?"

Entonces Efrén preguntó:

—¿Es urgente hacerla ya mismo, doctor?

—Lo más pronto que se pueda. Hoy es lunes. Cualquier día de la semana. Podría ser mañana. Todo depende de ustedes y, por supuesto, si desean que otro cardiólogo les dé su opinión, pueden incluso traerlo al hospital para que vea a la niña y los estudios.

—Y qué probabilidades de éxito tiene la operación o, bueno... lo que quiero decir es en qué tanto riesgo está mi hija. ¡Ya no sé ni lo que pregunto!

—Trate de tranquilizarse, yo entiendo. Soy totalmente sincero con ustedes, es una operación de alto riesgo porque hay una parte del corazón de la niña que está agrandado y, además, porque es una cirugía larga y la constitución de la niña es tan frágil. Pero no hay otra opción, no podemos dejarla así porque en cualquier momento puede morir.

—¿Y en la operación también puede...?

—Sí, es muy riesgosa, puede presentarse una gran variedad de complicaciones. Pero es una cirugía que he realizado varias veces y, en la mayoría de los casos, todo ha salido bien, aunque nunca la he hecho en un paciente tan frágil.

—Doctor, ¿podemos hablar con nuestra hija?

—Desde luego, pasen a su cuarto. Le colocamos un suero por donde le estamos pasando un medicamento y vitaminas. Pero está tranquila y consciente. Todavía con un leve tonito azul principalmente en sus labios y uñas.

Los angustiados padres pasaron a ver a su hija poniendo su mejor cara y una falsa sonrisa en los labios.

—Mi niña, ¿cómo te sientes?

—Bien, mami. Papá, qué bueno que estás aquí.

María Iluminada conservaba un tono azul claro en la piel y se notaba como si le faltase el aire cuando hablaba. Rosario se sentó en la cama junto a su hija y la tomó de la mano. Efrén permanecía sentado en el sofá.

—Mi niña, los doctores van a tener que operarte para arreglar el problema de tu corazón.

—Está bien, mamá.

Intervino entonces Efrén parándose al otro lado de la cama de su hija.

—No es nada grave, hija, ni te va a doler. Sólo tendrás que estar en reposo casi total por un tiempo. No tengas miedo. Es un excelente doctor.

—No tengo miedo, papá.

Continúo Rosario tratando de aminorar el impacto que la noticia podía haber tenido en su hija.

—Además, ya que te recuperes, te vas a sentir como nunca te has sentido. Con más fuerzas, más energía. Vas a poder correr sin fatigarte y yo creo que hasta vas a subir de peso.

—No te preocupes, mamá, estoy tranquila, sé que es por mi bien y que voy a estar mejor.

Si alguien los hubiera escuchado hablar, pensaría que a quien iban a operar era a uno de los padres. Era la niña quien los estaba tranquilizando. Su voz y sus reacciones fueron, como siempre, suaves y calmadas.

Federico, *el atormentado*

Hacía varios meses que Federico se había salido de su casa. O, más bien, que Raquel lo había echado del hogar. Decidió rentar un departamento a la mitad de camino entre su ex casa y la de sus padres, ya que mientras los trámites del divorcio se tomaban su tiempo, Raquel le permitía ver a los niños dos fines de semana al mes y, por otro lado, iba a comer a casa de su madre muy seguido. Ella tenía un efecto calmante para su dolor.

—Otra vez tan callado, hijo –comentó la madre de Federico uno de esos días mientras comían.

—Perdona, mamá, tengo pendientes del trabajo en la cabeza y, además, ya ni sé a dónde llevar a los niños este fin de semana que me toca verlos.

—Por qué tienes que sacarlos siempre, por qué no sólo se quedan a convivir en tu departamento, ven películas, platican, juegan.

—No es fácil, mamá. Cuando estamos solos, los niños se muestran muy distantes, callados. A ellos también les hice mucho daño.

La misericordiosa madre de Federico trataba de aminorar el sentimiento de culpa que llevaba cargando su hijo, pero poco lograba.

—Oye, hace unos dos o tres meses, la primera vez que vine a contarte lo de mi problema, ¿te acuerdas?

—Sí, fue el primer día que te quedaste a dormir aquí, antes de buscarte el departamento.

—Ese día fuimos a comprar cosas por la colonia y entré a una cremería, la que está donde...

—Donde estaba el establo, la de don Efrén.

—Exacto. Ahí platiqué en la caja con su hija. Una niña como de unos ocho, nueve años, muy tierna.

—Se llama María Iluminada y es hija de don Efrén. Tiene 12 años, aunque no lo creas. Está muy pequeñita porque creo que está enferma.

—Bueno, pues después de ese día regresé dos veces a la cremería y me dijo el empleado que la niña ya no iba a ayudar a su papá. Después, volví una vez más para pedirle al padre que me permitiese hablar unas palabras con la niña, pero no lo encontré y así se me ha pasado el tiempo. ¿Tú no sabes cómo puedo verla?

—Para qué quieres verla, ¿eres uno de sus encargados?

—¿De sus qué?

—De sus encargados. María Iluminada es famosa en la colonia por aconsejar a las personas que ella escoge. Y si vieras cuántos casos me han platicado de gente que cambió completamente la vida equivocada que llevaba después de hablar con ella. Su papá se molestó cuando se dio cuenta y dejó de llevarla a la cremería; yo creo fue en ese período que tú fuiste a buscarla. Pero ahora ya se puede hablar otra vez con ella. Su mamá abrió una mercería al lado de la cremería y ahí la niña tiene su espacio privado para hablar con la gente. Tan linda, puso un letrero que dice: "Se dan consultas espirituales sin costo alguno". Cuando recién lo puso, los que no sabían de su don se reían del aviso, pero cuando se fue sabiendo cuántas personas habían sido guiadas por ella, la gente empezó a acudir al local de la mamá buscando platicar con ella. ¡A veces hasta hacen cola, hijo!

—Impresionante. ¿Dices que la puedo encontrar en la mercería de junto? ¿A qué hora?

—Pues tengo una amiguita que la ha visto por la mañana, como a las 10 a.m., cuando abren el local. Y un vecino de aquí al lado platicó con ella un día por la tarde.

—Está bien, gracias, mamá.

La madre de Federico siguió contándole todo lo que se decía de la niña en el vecindario y trató, además, de preguntarle qué había hablado con él, pero Federico le pidió, muy serio, que cambiaran la conversación y así lo hicieron.

Al otro día, en cuanto se levantó y se alistó para el trabajo, Federico se dirigió rumbo a la colonia donde vivían sus padres y se estacionó frente a la mercería. Se bajó del auto y vio el letrero del cual le habló su madre: "Se dan consultas espirituales sin costo alguno". Pero, aunque ya eran pasadas las 10 de la mañana, el local estaba cerrado, así que entró a la cremería y encontró a Jaimito atareado tras los mostradores.

—Buenos días, disculpa, ¿sabes a qué hora abren el local de junto?

—Normalmente entre 9 y 9:30 joven, pero a partir de hoy va a estar cerrado por un tiempo. Mire, precisamente estoy por colocar un cartelón que me encargaron poner a un lado del que está afuera del local.

Jaimito le mostró una manta pequeña sobre la que escribió con letras azul rey: "Las consultas espirituales se reanudarán en pocos días".

—Y eso, ¿por qué?

—Pus anoche me habló a mi casa la señora para decirme que iban a operar a la niña, ¡ayer se puso bien mala, hasta se la llevaron al hospital! Después, me pasó a María Iluminada por teléfono y ella me pidió que hiciera esta manta y la pusiera junto a la otra, "que era muy importante", me dijo.

—¿De qué se puso mala?

—No sé bien, pero se desmayó y estaba azul.

—¿Podrías decirme en qué hospital está?

—No lo sé, joven, y aunque lo supiera, seguro el señor Efrén, su papá, me lo tendría prohibido porque viene mucha gente a buscarla.

—¿Crees que podría hablar con el papá?

—No creo que vaya a venir hoy ni mañana. Me dio instrucciones para que me encargara del negocio por lo menos de hoy hasta el jueves. Lo bueno es que ya tenemos a Consuelo, la otra empleada, ¡sino no la hacemos!

Federico se despidió desanimado y se subió pensativo a su auto. Por lo que le había dicho el empleado, dedujo que la niña debía estar mal del corazón. Sintió mucha frustración por no haber insistido más los meses anteriores hasta encontrarla y hablar con ella. Las palabras que María Iluminada le dijo cuando la conoció no se habían retirado de su mente un solo día. Pensó que quizás no volvería. Y después de haber oído a su madre hablar de la niña, se sintió muy tonto de no haber platicado más con ella el día que la conoció. Encendió el auto con la cabeza llena de imágenes de su esposa y sus niños, ahora distantes, de su hogar fracturado y de la cara pequeñita y dulce de María Iluminada. Entonces sus ojos se humedecieron y dejaron escapar varias lágrimas de gran tristeza.

A pesar de que había bebido muy pocas veces desde que su mujer lo echó de la casa y empezó el trámite de su divorcio, esa noche Federico manejó sin rumbo por la ciudad sintiendo que se ahogaba de dolor. Así se dejó llevar por sus emociones y acabó sentado en la barra de un bar.

—Dame un tradicional doble con una cerveza.

—En seguida, señor.

Federico bebió el contenido de la copa de una sola vez y, después, poco a poco se fue tomando la cerveza.

—Lo mismo, por favor.

El muchacho de la barra le puso enfrente otra buena dosis de alcohol.

El pedido se repitió dos veces más. Federico buscaba relajarse y, después, olvidar por un rato lo que sentía. Pero las cosas no funcionaron así. Cuanto más tomaba más se hundía en la locura de sus pensamientos obsesivos y en la amargura que éstos le provocaban.

Cuando estaba por tomar la quinta copa, repentinamente se cayó hacia atrás desde toda la altura del banco. Pegó en el suelo con la cabeza y la espalda. El lugar estaba casi vacío, los únicos que lo ayudaron a levantarse fueron el cantinero y un muchacho con aspecto de *hippie* que bebía en el rincón.

—¿Qué te pasa, hermano, ya estás muy tomado? Mejor vete a tu casa.

—No, no, gracias. ¡Déjenme, fue un accidente!

Ambos se retiraron, y Federico, sentado de vuelta en el banco, no podía creer lo que veía, hasta pensó que se estaba volviendo loco o que perdía la razón. En el último banco del bar, entre la fosforescente luz de la barra y la oscuridad propia del lugar, vio claramente la diminuta figura de María Iluminada enfundada en una bata azul de hospital. La luz sólo iluminaba la mitad de su cara y su diminuta figura. Los pelos se le pararon de punta a Federico y se levantó asustado del banco.

—Mesero, mesero, ¡la cuenta!

El cantinero ya no estaba, así que nadie lo escuchó. El muchacho *hippie* también se había ido.

—¡No puede ser, me estoy volviendo loco!

Gritaba el hombre todo espantado cuando de pronto escuchó la dulce voz de la niña:

—Santa Clara, Federico, Hospital Santa Clara, pero tienes que apurarte.

La imagen se desvaneció lentamente y ahí estaban de nuevo el cantinero, la música, el *hippie* y otro bebedor más que recién entraba.

Súbitamente, Federico se llenó de calma. Su mente se detuvo, no más pensamientos. Cualquier efecto del alcohol desapareció instantáneamente de su cuerpo. Sintió como si hubiera encontrado algo muy valioso que había perdido. Dejó un billete sobre la barra y, sin decir nada, se retiró del lugar. Lo primero que se le ocurrió fue llamar a su madre.

—¿Mamá?

—¿Qué pasó, hijo, estás bien?

—Sí, gracias. Dime, ¿conoces por tu rumbo un hospital que se llame Santa Clara?

—Sí, cómo no, ahí operaron a mi hermana cuando tuvo el tumor en su matriz.

—¿Dónde queda?

La madre de Federico le dio todas las indicaciones necesarias. En cuanto terminó, Federico le dio las gracias y ni siquiera escuchó cuando ella le preguntó el porqué. Colgó rápidamente y se dirigió al hospital.

Cuando llegó a la recepción, vio un cartel que decía: "Horas de visita. De 9 a 11 a.m. y de 6 a 8 p.m." Eran las 11 de la noche. Obviamente, no lo dejarían pasar y, además, por quién iba preguntar, ¿por una niña llamada María Iluminada? María Iluminada ¿qué? Y cuando le preguntaran si era familiar de ella, qué les iba a contestar. Sólo la había visto una vez en su vida. Bueno, dos, si tomaba en cuenta lo que acababa de pasar en el bar.

Federico dio unos pasos hasta llegar al mostrador de la recepción, pero el policía de la entrada lo detuvo y le preguntó a dónde iba, que ésas ya no eran horas de visita.

—Vengo a ver a una sobrinita, se llama María Iluminada.

—Ah, sí, pase, lo está esperando.

Federico se quedó más que sorprendido. Entonces se dirigió a la recepcionista:

—Buenas noches, disculpe, vengo a ver a una niña que está internada aquí, se llama María Iluminada.

El corazón le palpitaba rápido, la frente y las manos le sudaban profusamente. "Me van a preguntar si soy familiar de la niña, cuál es su apellido y me van a decir que ya no es hora de visita", pensó.

—Sí, señor, está en el cuarto 307, segundo piso. Pase, por favor. Lo está esperando.

Y la recepcionista le entregó un gafete de visitante.

Federico camino rápidamente hacia las escaleras para no tener que esperar el elevador. No entendía lo que pasaba, parecía un capítulo de algún programa de misterio en la televisión. Las cosas no tenían lógica. Pero siguió subiendo las escaleras, pues lo que él quería era hablar con la niña. Se paró frente a la puerta del cuarto 307. De repente pensó, que todo aquello era raro, que no tenía sentido, que estaba soñando. La luz del corredor era tenue y la única enfermera qué encontró en el pasillo le sonrió y le indicó hacia dónde estaba el cuarto 307. Cuando estuvo parado enfrente, abrió cautelosamente la puerta y entonces escuchó aquella voz que no pudo olvidar por meses.

—Pasa, Federico.

El confundido hombre abrió la puerta despacio y entró al cuarto que estaba casi en penumbras. Sólo estaba prendida la lámpara horizontal en la cabecera de la cama donde yacía María Iluminada.

—No tengas miedo, pasa Federico, te estaba esperando.

La niña estaba sola en la habitación. Sin padres, ni enfermeras o doctores. Nadie.

Federico se sentó en el sofá del cuarto y lo primero que se le ocurrió fue decir una retahíla de preguntas que su mente le exigía que fueran contestadas para que las cosas tuvieran lógica.

—¿Qué está pasando? ¿Dónde están tus papás? ¿Cómo sabías que me urgía hablar contigo? ¿Cómo llegaste al bar si estás aquí internada?

—No quise que vinieras hasta acá para hacerme preguntas cuya respuesta no tiene la menor importancia. Estás aquí, Federico, porque necesitamos hablar. Quiero que escuches lo que tengo que decirte.

Federico, en lugar de reaccionar inquisitivo y violento como era su costumbre cuando no se le daba lo que exigía, se quedó callado y como un niño pequeño asintió con la cabeza. Se sintió calmado, libre, dispuesto a dejarse guiar. María Iluminada continúo hablando con su voz dulce y bajita.

—Jala una silla o siéntate en la cama, necesito que estés más cerca para ver tus ojos.

Federico obedeció y prefirió sentarse en la orilla de la cama. La cara de la niña se le hizo tan dulce, sus ojos brillaban como estrellas en un cielo nocturno. Y entonces María Iluminada habló:

—Federico, me van a operar del corazón y me ausentaré por un tiempo de mis consultas, pero antes me faltaba hablar contigo de entre todos mis encargados.

—¿Encargados?

—Por favor, sólo escucha. El dolor que has estado viviendo desde hace años, los problemas que te has causado y el sufrimiento que has provocado para ti y para los que te rodean, tienen una causa. Quiero que comprendas muy bien esto: existen tres Federicos. Uno es tu cuerpo físico, una máquina biológica que te fue dada para comunicarte con otros y moverte por este mundo. El segundo es el atormentado, creado y manejado por tu mente, y que es el causante de todos tus problemas. Y el tercero es Federico el verdadero, tu alma, tu esencia, tu espíritu o tu presencia; cualquiera de estos nombres es correcto, el que tú aceptes mejor. Del que quiero hablarte a profundidad es de Federico, el atormentado, porque es él quien te está haciendo sufrir y a todos los que amas.

—¿Por qué le dices el atormentado? –preguntó Federico muy desconcertado.

—Porque todos tenemos un falso yo al que le puse el atormentado, porque es él quien acumula todos las frustraciones, carencias, traumas, agresiones y demás emociones negativas que sentimos desde la infancia. Este atormentado sigue creciendo en la adolescencia y, para cuando llegas a ser adulto, está completamente formado. Se alimenta de tu subconsciente, que es la parte de tu mente donde se guarda todo aquello que ha dejado un impacto en ti. Lo malo es que este atormentado pone especial atención en nutrirse y crecer con los recuerdos dolorosos que han marcado tu vida.

—¿Con cuál Federico estás hablando ahorita?

—En este instante estoy hablando con Federico, el verdadero.

—¿Cómo lo sabes?

—Porque no se está resistiendo a lo que escucha ni está juzgando. Es tu esencia, tu alma la que me está escuchando. Pero déjame preguntarte, ¿tienes algún recuerdo de tu padre biológico?

—No, es imposible. Según me ha contado mi madre, él se fue cuando yo apenas tenía dos años.

—¿Piensas frecuentemente en él?

—Cuando era niño sí, mucho. Le preguntaba a mi madre cómo se llamaba, a qué se dedicaba y por qué se había ido. Ella me decía que se había tenido que ir porque en su trabajo le exigían que viajara mucho y que permaneciera lejos por mucho tiempo. Ya más grande, me decía que los dos eran muy jóvenes cuando yo nací, que él no tenía oficio ni estudios y que lo único que encontraba eran empleos eventuales en provincia, donde vendía su mano de obra. Que al principio nos escribía y mandaba dinero desde donde estuviera, pero que después algo le habría pasado porque dejó de hacerlo y ella no conocía a nadie de su familia, nadie que le diera un informe. Así me dio vueltas y vueltas mi madre, nunca me quiso decir su nombre.

—¿Sentiste alguna vez, sobre todo en tu niñez, tristeza o rencor hacia ese hombre sin rostro del que no te acuerdas, pero que sabes te abandonó?

—Sí, algunas veces me sentí abandonado y triste. Nosotros después nos cambiamos de casa, muy lejos de ahí y mi mamá cambió de trabajo, así que no era fácil que nos contactara. Cuando yo cumplí los cuatro años, mi mamá se casó con mi padre, bueno, con mi padrastro; es por la costumbre.

—Y tu padrastro, o tu padre, como le llamas, ¿realmente se comportó como tal?

—Sí y no. Él no tenía hijos propios y con mi madre no tuvo. Así que mi mamá, cuando él era muy estricto conmigo, me decía que era porque veía en mí al hijo que nunca tuvo y que quería lo mejor para mí, que me formara bien.

—Muy estricto. ¿Te regañaba, te pegaba?

—Sí, me regañaba mucho, por cualquier cosa. Y es además un alcohólico. Cada vez que tomaba, discutía con mi madre y muchas veces le pegaba, a mí también me llegó a golpear, me insultaba y me decía que él no era mi padre, que yo era sólo una carga para él. Ya cuando crecí, de adolescente, me ponía al tú por tú con él para defenderme y defender a mi madre. Pero no siempre era así. Cuando estaba sobrio, era serio, pero también era muy responsable de que nada faltara en la casa y me pagó siempre escuelas de prestigio donde me dieran la mejor educación. A mi madre la trataba igual, con seriedad, pero con respeto.

—Mientras no tomara.

—Exacto.

—¿Y era cariñoso?

—Rara vez. Siempre lo he excusado diciendo que él pensaba que expresar cariño entre hombres no era apropiado. El cariño lo recibí de mi madre, aunque ella se fue volviendo una mujer triste y opaca. Cuando era joven era muy alegre y positiva.

—Muy bien, Federico, he querido que me contaras cómo percibiste tu formación en la casa de tus padres, o bueno, de tu madre y tu padrastro, y también el asunto de tu verdadero padre para poder hablarte de por qué de adulto te has hecho tan problemático e infeliz.

—Dime.

Federico escuchaba tranquilo, interesado y con el corazón totalmente abierto a lo que la niña le decía.

—Cuando acabaste tu carrera, y al convertirte en un hombre adulto, ya estaba completamente formado Federico, *el atormentado*; a partir de ahí, dejaste que él tomara el control de tu vida. Se apoderó de ti haciéndote prepotente por tu éxito en los estudios y en tu profesión, haciéndote creer que valías solamente por lo que lograras: dinero, lujos, reconocimiento. Fue también cuando empezaste a consumir alcohol en reuniones y con amigos. Te volviste agresivo y comenzaron los problemas con conocidos, colegas y con tus verdaderos amigos. ¿Estás de acuerdo?

—Sí.

—Después, buscaste la aceptación de las mujeres. Querías siempre a las más bellas, las más llamativas, las que te hicieran sentir que tú valías mucho. Siempre eras tú quien terminaba relación tras relación, muchas veces causando gran sufrimiento a esas mujeres. Pero corriste con suerte cuando encontraste a Raquel, porque además de su belleza y clase, era una joven sensible, sencilla y realmente te llegó a amar mucho. Tú no estabas enamorado, nunca te has enamorado de nadie, sino de lo que tú eres cuando estás con esa persona a la que dices querer. Y así te casaste.

—¡Claro que me enamoré de Raquel!

—Analízalo, Federico. ¿Quién dominaba su noviazgo, quién controlaba a quién? Buscabas la satisfacción, la buena apariencia como pareja, el bienestar y la realización. Pero solamente para ti.

Federico miraba al suelo del cuarto de hospital recordando sus años de noviazgo. María Iluminada los estaba describiendo. Sus celos infundados, su control sobre todos los aspectos de su relación, sus continuos maltratos a su novia, a la que siempre acababa pidiéndole disculpas.

Y María Iluminada continuó:

—Y después del matrimonio, llegaron tus dos hijos. ¿Puedes acordarte acuerdas del momento en que los recibiste en la sala de partos?

—¡Cómo olvidarlos!

—¿Recuerdas cómo te sentiste, la sensación que te embargó?

—Claro.

—Esos momentos los estaba viviendo Federico, el verdadero. Ahí el atormentado no podía hacerse presente porque tu mente estaba desconectada. Estaba Federico, el verdadero, el que no condiciona los hechos de su vida presente de acuerdo a los dolores del pasado. La plenitud, la calma y la dicha lo llenaban todo y eran tan vívidas que no podías creerlo. ¿Me equivoco?

—No, efectivamente, fueron momentos de una alegría indescriptible.

—La vida, tu vida, Federico, sería así siempre si no estuviese a cargo de ella el atormentado. Cada mañana que te despiertas, empieza el día Federico, el verdadero, pero el atormentado está latente, listo para aprovechar a que cualquier circunstancia, acción, palabra u omisión de los otros le permita conectar tu mente con los recuerdos dolorosos del pasado. Es ahí cuando él hace su entrada y desaparece Federico, el verdadero, y al estar presente el atormentado, surgen sus respuestas agresivas, sus ataques, sus acciones violentas, controladoras, su inquietud, su ansiedad, su tristeza, y cuando ya no puede más, se va en busca de su evasión favorita: el alcohol. A través de esta sustancia, el atormentado, que es una representación de tu mente, especialmente de tu subconsciente, cree que encontrará alegría y tranquilidad, pero esto lo logra sólo por unas cuantas horas, a veces minutos, porque al ser el mismo atormentado quien busca la evasión, ésta sólo lo lleva a caer más profundamente en esos sentimientos que trata de evitar. Y entonces se frustra y la agresividad llega a su nivel máximo: agredir no sólo verbal, sino físicamente a los que le rodean y, al llegar a casa, a los que ama. El atormentado, formado por tus recuerdos dolorosos, tiene que revivirlos, así como él se sintió víctima de su padre, ahora tiene que victimizar a otros. Pero lo único que está haciendo es destruir la relación con aquéllos que lo aman, dañarlos a ellos y destruirse a sí mismo. El círculo es interminable, puede durar toda una vida. No acabará hasta que Federico, el verdadero, se dé cuenta de todo esto. Hasta que Federico, el verdadero, se fortalezca y procure estar siempre presente y no le permita al atormentado existir.

—¿Y cómo puedo lograr que mi yo verdadero esté siempre presente?

—Ah, ésta es la regla mágica: no dejes nunca que tu mente te lleve al pasado. Vive cada día, cada hora, cada instante, cada acto, cada respuesta en el presente. No asocies nada de lo que el día de hoy vivas con el pasado. Me refiero a tu pasado doloroso. Está por demás que te lo diga, pero recordar de vez en cuando los eventos y personas que nos dieron alegría, amor, realización y, sobre todo, enseñanzas, no tiene nada de malo. Lo puedes hacer de vez en cuando, sólo de vez en cuando porque no es sabio tener la mente en el pasado, aunque este haya sido placentero. Nuestra verdadera esencia sólo puede existir en el presente. Cuando estás en el aquí y ahora, digan lo que digan los otros, hagan lo que hagan, dejen de hacer lo que dejen de hacer, no habrá respuesta negativa de tu parte porque no habrá ninguna asociación con nada. Estarás aceptando plenamente tu presente. Sin comparaciones, ni juicios ni aferramientos.

—Suena muy fácil al decirlo, pero no sé al hacerlo.

—Pues si intentas hacerlo todos los días, cada vez será más fácil; y lo más importante, obtendrás la paz, el control y la dicha, que tanto ansías, desde dentro de tu ser.

—Dime, María Iluminada, ¿tú crees que todavía puedo rescatar a mi mujer, a mis hijos, a toda la gente a la que he dañado?

—Sí, sí lo creo. Pero también creo que ésta es tu última oportunidad.

Federico tomó la mano de la niña y se dio cuenta de que era sólo un poco mayor que la del más grande de sus hijos. La apretó fuertemente con sus grandes y masculinas manos. María iluminada le devolvió el gesto colocando su otra mano sobre las de Federico, quien no pudo evitar derramar algunas lágrimas.

—María Iluminada, ¿de dónde vienes?, ¿cómo puedes saber todo esto?

Ella hizo caso omiso de la pregunta, tal y como lo hacía siempre.

—Si fuera tú, ya estaría rumbo a casa de Raquel, más bien a tu casa, para aprovechar esta última oportunidad.

—Sé que te van a operar y que es algo grave. ¿Te volveré a ver?

—Sí, todos me volverán a ver. Y reanudaré mis consultas, te lo aseguro.

En ese momento, entró un médico que estaba de guardia nocturna y prendió la luz de la habitación, se acercó a la niña para revisar sus signos vitales y el paso de las sustancias preparatorias para la operación. Federico se asustó por lo que podrían pensar o decir los médicos acerca de su presencia a esas horas de la noche en el cuarto, pero el doctor actuó como si no lo viera, como si no estuviera presente. Federico se levantó y salió del hospital. Subió a su auto, lo prendió tranquilo, con una calma que no sentía hace muchísimos años, y se encaminó rumbo a la casa de Raquel, es decir, a su casa.

La cirugía

La cirugía de corazón de María Iluminada estaba programada a las nueve de la mañana. Los nerviosos padres decidieron que Efrén chico y Chayito se quedaran en casa, y los dejaron a cargo de varias tareas para que la casa estuviese inmaculada cuando volvieran con su hermana menor. La cremería estaba a cargo de Jaimito y la mercería quedo cerrada hasta nuevo aviso. Eran las ocho de la mañana cuando el médico ayudante del cardiólogo que realizaría la operación revisó a María Iluminada por última vez antes de meterla a quirófano. Efrén había salido a tomar un café. Ése era el momento que Rosario había estado esperando toda la noche: quedarse sola con su hija por unos instantes. Tratando de no molestarla, se sentó junto a ella en la cama y viéndola directamente a los ojos, la tomó de las manos con mucha ternura.

—¿Cómo te sientes, mi niña?

—Bien, mamá, cansada y sin mucho aire, pero bien.

—¿Tienes miedo?

—No, mamá, nunca he tenido miedo.

—Ya no puedo seguir hablándote como si tú y yo fuéramos como cualquier otra madre y otra hija, mi niña. Tú sabes bien lo que estoy pensando y sintiendo. Es más, podría apostar que sabes qué te voy a preguntar.

—¿Quieres preguntar, mamá, o quieres la respuesta?

—No, yo quiero preguntarte. ¿Nuestros ojos se van a volver a mirar tan profunda y tan vívidamente como ahora?

—Sí, mamá. Sí lo harán.

Rosario no tuvo que preguntar nada más. Supo que no era momento de despedidas ni de agradecimientos. Sólo tendría que ser paciente y comportarse como un roble para Efrén y sus otros hijos en esta prueba que les tocaba pasar.

Dieron las ocho de la mañana con 30 minutos cuando los camilleros entraron por María Iluminada al cuarto. Efrén se acercó a su hija, le acarició las mejillas, le dio un beso en la frente y le dijo:

—Perdóname, hija, si no siempre te pude comprender o me sentiste alejado, es que no estaba preparado para ser el papá de alguien tan especial como tú.

Sus ojos se llenaron de lágrimas e inmediatamente sacó su pañuelo para limpiarlas y taparse la cara. María Iluminada le apretó el brazo y le dijo:

—Papá, tú lo has dicho, no estabas preparado para ser el padre de alguien como yo, pero ahora sí lo estás porque me comprendes y me dejas ser. Y no hables como si te estuvieras despidiendo, en unas horas volveremos a hablar y tú ya estarás más tranquilo. Créeme, voy a llegar al cuarto despierta para contarte de lo que hablaban los doctores mientras me operaban y nos vamos a reír mucho. ¿Está bien?

—Sí, hija, sí –afirmó Efrén mucho más tranquilo que antes de hablar con la niña. Algo lo impulsaba fuertemente a creer por completo lo que ella decía. Su preocupación se aminoró y con calma vio cómo se llevaban a su hija rumbo al área de quirófanos.

Efrén y Rosario se quedaron callados por un rato en el cuarto. Después, empezaron a recordar el día que había nacido María Iluminada. Rosario estuvo a punto de contarle a Efrén lo que sucedió en los cuneros, pero se contuvo; ese momento era sólo de ella y de su hija. Al principio, una enfermera salía cada hora para informarles cómo iba la cirugía. Pero después, comenzó a tardar mucho en salir, por lo que decidieron ir por un café y galletas a un localito cercano al hospital. Mientras estaban formados en la fila para pagar una señora joven con cara de tristeza, les preguntó:

—¿Tienen algún enfermito en el hospital?

—Sí –contestaron casi a coro.

—¿Y usted? –preguntó Rosario amablemente.

—También, mi hijo de 14 años tuvo una apendicitis y ha estado muy grave, pero está mejorando. ¿Y el suyo?

—Es nuestra hija de 12 años, la están operando –contestó Efrén.

—¿De qué? –preguntó alarmada la señora.

—Del corazón –otra vez contestaron los dos a la vez.

—Y están ustedes tan calmados. ¿No están preocupados? ¡Es una operación muy riesgosa!

—No, señora, no estamos preocupados. Estamos tranquilos. Está en manos de Dios que actúa a través de las manos del doctor. Ella va a estar bien –contestó calmadamente Rosario.

—Estamos seguros –puntualizó Efrén.

Llegaron a la caja, pagaron y se despidieron de la angustiada señora deseándole el pronto restablecimiento de su hijo.

Eran las tres de la tarde y habían pasado ya cinco horas sin que la enfermera o alguno de los doctores salieran a informarles cómo estaba María Iluminada. Efrén y Rosario empezaron a preocuparse y exigieron hablar con alguno de los cardiólogos. Pocos minutos después salió el doctor Hernández.

—Don Efrén, señora Rosario no tienen de qué alarmarse, la cirugía está tomando mucho más tiempo del que habíamos pensado, pero les aseguro que todo va bien. Su niña está siendo atendida por un excelente anestesiólogo y tanto el doctor

Lemus como yo estamos haciendo el procedimiento con mucho cuidado por la pequeñez de las arterias y los órganos de su hija. No hay de qué preocuparse. En cuanto hayamos terminado les informaremos.

—Doctor, ¡júreme que todo está bien!

—Todo está bien, doña Rosario, todo está bien.

Tardaron exactamente nueve horas en terminar la cirugía de María Iluminada. Iban a dar las seis de la tarde cuando ambos cardiólogos salieron extenuados a dar los pormenores de la intervención.

—Ya terminamos y todo salió muy bien, afortunadamente. Logramos expandir lo más posible la válvula en el corazón de la niña, y esperamos que nunca vuelva a necesitar otra cirugía como ésta.

—¡Bendito sea Dios! –exclamó Rosario abrazándose fuertemente a Efrén y derramando las lágrimas que había contenido por horas y horas.

❧

María Iluminada abrió los ojos unas dos horas después. Lo primero que dijo a la enfermera más cercana fue:

—Por favor, llámele a mi madre.

—Mi vida, en esta área de recuperación no pueden entrar familiares. La verás cuando te pasemos a tu cuarto.

—¡No, por favor, llámele a mi madre, se lo ruego, es urgente!

La niña lloró, repitió, insistió, suplicó, hasta que la enfermera, violando las normas del hospital, llamó a Rosario en secreto.

—¡Hija, mi niña! ¿Cómo te sientes?

—Bien, mamá, no te preocupes, pero tengo algo muy importante que contarte que quizás después podría olvidar.

—¿Qué pasa, mi niña?

—Mamá, me salí de mi cuerpo.

—¿Cómo que te saliste de tu cuerpo?

Rosario inmediatamente pensó que la niña había tenido alguna especie de alucinación resultante de la anestesia que todavía circulaba por su cuerpo.

—Sí, mamá, estaba como arriba, en el techo del quirófano. Podía ver y escuchar a los doctores trabajando y vi mi cuerpo dormido y abierto del pecho con el corazón de fuera.

—María Iluminada, hija… –intentó hablar Rosario, pero la niña la interrumpió de manera intempestiva.

—Mamá, entonces vi el cuerpo en el que estaba allá arriba y era perfecto, sano, fuerte, tan fuerte como no he sido nunca. De pronto, todo desapareció y vi frente a mí a un señor joven que me abrazó con mucho amor y me dijo: "Te estaba esperando, María Iluminada, la más pequeña de mis nietos".

—¿De sus nietos? ¿Cómo era?

—Era alto, delgado, con el cabello rizado y los ojos del verde que los tiene mi papá.

La impresión de Rosario casi le provoca un desmayo cuando pensó en el padre de Efrén, don Ezequiel, quien había muerto 10 años antes de que naciera María Iluminada. La descripción calzaba a la perfección con el abuelo paterno de la niña cuando fue joven, pero ella no había visto nunca una foto de don Ezequiel porque todas se perdieron cuando su esposa, doña Dolores, ya viuda, se mudó de provincia a la capital.

—¿Te dijo su nombre?

—No hubo tiempo, mamá, porque entonces me vi enfrente de un sendero, un sendero hermoso lleno de árboles, flores y un riachuelo que corría a un lado. Caminé por él, era como si alguien me llamara. De pronto, a media distancia, alcancé a ver una luz muy blanca y muy brillante. Corrí para alcanzarla y cuando estaba a punto de entrar en ella oí una voz increíble, mamá, como nunca he escuchado hablar a nadie y me dijo: "Detente, María Iluminada, no es tu tiempo, tienes que regresar". Yo le contesté que no quería, que por favor me dejara quedarme.

—¿Por qué querías quedarte, mi niña, acaso no has sido feliz con nosotros, tu familia?

—Sí, mamá. No lo tomes a mal, pero no hay felicidad alguna que pueda compararse con la dicha, la alegría y la paz que ahí sentí. ¡Tendrías que vivirlo para entenderme, mamá!

—¿Y qué pasó entonces?

—De repente me sentí con las manos atadas y mis ojos fijos en la pared del quirófano, donde muchos doctores y enfermeras hablaban a mi alrededor. Y sentí también un gran dolor en el pecho. Tuve que regresar, mamá.

Rosario se quedó fría y no supo que contestar más que:

—Habrá sido un sueño, mi niña, seguro que fue un sueño.

❦

—¿Te pido café, Ramírez?

—Por favor, mano.

—Bien cargado para sacarnos el estrés.

—Esta vez sí la vimos cerca.

—No, no la vimos cerca, doctor. Dilo con todas sus palabras: la niña estuvo muerta por más de 15 minutos.

—Pero logramos traerla de vuelta. ¿O no?

—Tú lo has dicho. Logramos traerla de vuelta.

❦

María Iluminada permaneció en el hospital por una semana. Los padres se turnaban para ir a la casa y al negocio y nunca dejarla sola. Dos días después de la operación cuando Efren fue a la cremería, Jaimito le contó que habían venido muchas personas a preguntar por la niña.

—Siempre vienen.

—No, patrón, pero ahora sí que eran muchas personas. De todo: señoras, viejitos, jóvenes, choferes, amas de casa, estudiantes y, lo raro es que muchos de ellos ya sabían que la estaban operando. Me decían que venían a dejarme el recado para que le dijera a usted que le dijera a María Iluminada que sus oraciones la acompañaban.

—Es gente buena, Jaime.

—Sí, no lo dudo, pero está raro, ¿no crees jefe? ¿Cómo sabían?, y luego tomarse la molestia de venir hasta acá a dejar un recado. Pus quién sabe, todo lo que tiene que ver con su hija es bien sorprendente.

Y más sorprendente cuando, con el paso de los días, Jaimito notó que llegaban personas desde la mañana buscando a María Iluminada, para ver si ya estaba de vuelta. Cuando él les decía que no, que tardaría por lo menos tres semanas, a la gente no le importaba. Empezaron a traer sillas de plástico o cajas de madera para sentarse a esperar o a platicar. Se contaban cuando habían hablado con ella por primera vez, cuál era el asunto en el que las estaba guiando, cómo había mejorado su vida o su situación desde que seguían los consejos de la niña. Al final de la primera semana, Jaime le pidió permiso a Efrén para poner una pequeña lona afuera de la mercería para que la gente no se asoleara tanto o para que los que venían por la tarde no se mojarán cuando llovía. Para la segunda semana, un taxista bajó una mesa desplegable de su auto; unas señoras traían termos con café; otras, pan dulce o galletas. Y aquello que empezaba desde la mañana con una pregunta rigurosa: "¿Cómo sigue María Iluminada?", terminaba hasta después de que Jaime y Efrén habían cerrado la cremería y se había platicado de una gran gama de sufrimientos humanos y una larga lista de consejos espirituales. Una señora mayor hasta le pidió a Efrén una foto de la niña para enmarcarla y colocarla sobre la mesa, lo cual no le pareció nada apropiado al sorprendido padre.

—Entonces comprendí que cada quien tiene una misión diferente que cumplir. Ya pude aceptar la condición de mi hijo, quien tiene un retraso...

—Me enronchaba todita nomás de las preocupaciones hasta que comprendí que nada es permanente...

—Entendí que no debía aferrarme, que nada ni nadie es mío. Si viera qué bonita relación llevo ahora con mi hijo...

—Ya lo perdoné, pero de veras, no de dientes pa' fuera. Y sabe qué, el mayor regalo fue para mí. Si viera cómo vivo en paz...

—Ya no estoy asustado, aunque cada día estoy más enfermo. Mi afección no tiene cura, pero ya no vivo con miedo...

—No, ya no quiero tener siempre la razón, eso nomás ocasionaba pleitos y enojos con mi mujer. Es que yo tenía miedo de sentir que no existía si no ganaba siempre, tenía que hacerme notar...

—Se me quitó ese sentimiento de vacío, de tedio, ¿y sabes cuándo? Cuando dejé de pensar sólo en mí y empecé a ver por mis padres, mis hermanos...

Y seguían y seguían las charlas, los llantos, las emociones en aquella especie de tertulias que se formaban a diario durante las semanas que María Iluminada estuvo ausente.

Efrén, quien empezó a ir a la cremería diariamente desde que su hija salió del hospital, a los ocho días de la operación, alcanzó a escuchar mucho de lo que ahí se decía y se dio cuenta cuán lejos estuvo, por años, de comprender la misión que María Iluminada estaba cumpliendo; lo especial que era la niña, la importancia de haber entendido su labor y el hecho de dejarla libre o hasta ayudarla para llevarla a cabo.

De regreso al trabajo

Después de una semana de convalecencia en el hospital y de casi un mes en casa, María Iluminada regresó con su madre a la mercería. Había permanecido en reposo la mayor parte del tiempo y sus padres y hermanos le habían puesto mucha devoción a su cuidado. A las dos semanas empezó a caminar recorridos cortos y su apetito mejoró como nunca. El color de su piel dejó de tener esa palidez azulosa y ahora había días que hasta unas delicadas chapitas se asomaban en su rostro. Chayito decía que hasta la veía más alta y más llenita.

—Mami, ¿le puedes pedir a Jaimito que quite el letrero que está sobre mi letrero?

Rosario, sonriendo, le contestó:

—¿El de "Las consultas espirituales se reanudarán en pocos días"?

—Bueno, no fueron pocos días, pero aquí estoy.

Jaimito quitó el letrero y, sabiendo que esa mañana se reabriría la mercería, les pidió la noche anterior a los encargados que se juntaban sobre la acera que retiraran la mesa y las sillas, y él se encargó de quitar la lona que había permanecido ahí por casi cinco semanas.

Rosario y la niña limpiaron los aparadores, el mostrador, el piso y la mesa con las sillas de la bodega o cuartito de consultas de María Iluminada. A los pocos minutos de haber abierto empezaron a entrar los clientes. Algunos con el pretexto de comprar listones o botones y, otros, abiertamente para ver a la niña.

Doña Josefina, una señora cincuentona con el pelo pintado de rojo y un pomposo peinado, y que era dueña del salón de belleza más *chic* de la colonia, corrió a abrazar a María Iluminada.

—Qué bueno que ya estás de vuelta, María Iluminada, si vieras cuántas veces necesité hablar contigo, ¡pero de urgencia! A diario me daba mis vueltas y nada. Me las he arreglado acordándome de lo que me habías dicho, pero tengo muchas cosas que preguntarte.

—No te preocupes, Josefina, pasa, ahora podemos hablar –respondió la niña soltándose de los brazos de la señora que la apretaba tan fuerte que no la dejaba respirar.

Ésa fue la primera consulta de María Iluminada después de su operación. Ya para el medio día, había cuatro personas esperando en la mesa de tejido y bordado. Muchas, a fuerza de esperar, acabaron aprendiendo a confeccionar preciosas prendas tejidas, así que, aunque la consulta con María Iluminada era lo principal, de paso habían encontrado una distracción muy entretenida.

La vida de la familia volvió a lo acostumbrado. Efrén con su negocio, Efrén chico y Chayito en la escuela, Rosario entre la casa y la mercería, y María Iluminada entre sus libros y sus consultas. A mediados de esa semana, un poco antes de la hora de la comida, pues raramente había clientes en la mercería a esa hora, María Iluminada pidió dinero a su madre para traer un helado gigante de la paletearía de la esquina, ya que ahora su apetito era bastante bueno. Cuando entró al local, se encontró don Arturo del Solar sentado alrededor de la mesa de tejido. Le pasó el helado a Rosario y corrió a darle un abrazo al que fuese uno de sus primeros encargados.

—¡Qué gusto verte, Arturo!

—El gusto es mío, pequeña. ¡Qué bueno que al fin te encuentro y te veo muy bien! Me dijeron que habías estado enferma.

—No hablemos de eso, es parte del pasado. Ahora estoy muy bien. Espérame tantito.

La niña sacó dos tazas y dos cucharitas de uno de los gabinetes de atrás del mostrador y repartió su gran helado en partes iguales.

Arturo saludó a Rosario, en quien no había reparado por el gusto de ver a María Iluminada.

—Perdón, señora, qué distraído, muy buenas tardes.

—No se preocupe, por qué no se comen su helado mientras platican en el cuartito.

—Estaba a punto de sugerirlo, gracias, mamá. Pasa, pasa, Arturo, siéntate. Mientras disfrutamos de nuestro helado, dime, ¿cómo has estado?

—He estado mucho mejor que antes. Tengo tantas cosas que platicarte. Vine a buscarte muchas veces, hasta amigos hice en las pláticas que se armaban aquí afuera del local con toda la gente que quería hablar contigo.

—Sí, ya Jaimito me contó, me siento muy honrada y agradecida. Pero empecemos por el principio, ¿cómo es qué hoy no vienes portando uno de tus clásicos trajes, tu pañuelo en la solapa y tus zapatos de charol?

—No, ya tiene tiempo que no los uso. Con un pantalón limpio y una camisa sencilla es más que suficiente.

—Ya veo, has empezado a despertar.

—Y de qué manera, María Iluminada. Descolgué todos los trajes de mi época de actor, los metí en bolsas grandes de plástico y los llevé a un lugar de caridad, no dejé ni uno sólo. Le pedí a Alondra, mi mujer, que me acompañara a comprar unos cuantos pantalones conservadores, pero de corte y telas actuales y unas cuantas camisas de diversos estampados y colores, incluyendo algunas muy alegres.

—Ya veo, qué bueno.

—Y esto, ¡no lo vas a creer! Metí todos los recortes de periódicos y carteles de mis películas en una caja de cartón, la sellé con cinta canela y la guardé en el cuarto de los cachivaches. Con plumón escribí sobre la caja con letras grandes: "Películas, el propósito exterior de mi pasado". Y cuando por casualidad encuentro que pasan alguna en la televisión, la miró por un rato, pero ya no siento que ese joven que está ahí sea yo. Alondra está sorprendida.

—Estás logrando salir del sueño del pasado y aprendiendo a vivir en el presente.

—Sí, y tal cómo tú me dijiste, desde que empecé a tomar decisiones como estás, comencé a sentirme vivo. ¡Porque realmente yo estaba muerto, pequeña!

—Así es, tienes razón, vagabas por el mundo como un fantasma.

—Y cuando a mi mente llegaban los recuerdos, en seguida buscaba algo que ocupara toda mi atención, como arreglar un gabinete de la cocina o una fuga en el baño. Retomé la carpintería, que me gustaba mucho de adolescente. Y así empecé a tomar yo el control. Fue muy difícil al principio, no se cambia de la noche a la mañana, pero de repente notaba que tenía ganas de hacer las compras con mi mujer, que me reía, que cantaba, que comía y dormía mejor, que pasaba todo el día sin haberme sentido triste o angustiado. Alondra lo notaba y ella también empezó a tratarme con más cariño, se arreglaba más. ¡No me había dado cuenta de cuán bonita es la mujer con la que estaba compartiendo mi vida!

—Estás aprendiendo a vivir cada momento en conciencia, sin que el pasado te domine. Y dime, Arturo, ¿cómo vas con el sentimiento de culpa?

—Reflexioné bastante acerca de todo lo que me dijiste y decidí que no me servía de nada analizarlo tanto, entonces decidí creerte de tajo. No culpa, no remordimientos. ¿Sabes cómo le hice? Cuando me venía el recuerdo de mi pequeño hijo y de todo aquello, me imaginaba a mí mismo cuando estaba en esas circunstancias, pero como si fuera otra persona, no yo. De inmediato iba al espejo a verme y confirmar que ese muchacho ya no era yo. Así pude ver las cosas de una manera diferente y comprender a aquel veinteañero inexperto, lleno de traumas y de carencias. Y conforme pasaban los días, empecé a entender por qué actuó como lo hizo y fui aprendiendo a disculparlo. El día de hoy ya no siento esa culpa; si acaso, cierta nostalgia y ganas de saber qué pasó con mi hijo, dónde está, en quién se convirtió.

—¿Te pasa muy seguido?

—De vez en cuando. Nada que ver con cómo era antes. Ese sentimiento de angustia, de desasosiego, se ha ido desvaneciendo. Comprendí que desde joven me había refugiado en la banalidad de las cosas materiales y, después, en la tristeza y el remordimiento. Ahora, todo esto es esporádico. Y encontrar a mi hijo para explicarle todo lo que pasó es algo que quisiera hacer, como un reto, pero me da ilusión no angustia.

—¿No tienes miedo de su reacción?

—Curiosamente no, me siento preparado para asumir cualquier cosa que me dijera. Sólo quiero explicarle y saber que está bien. Y si Dios no me lo concede, tampoco voy a martirizarme por eso, lo dejaré ir en paz. Pero le voy a hacer la lucha.

—Qué bueno. ¡Yo creo que lo vas a lograr! Porque el deseo viene de tu corazón. Te felicito, Arturo, comprendiste a la perfección lo que te quise transmitir. A tu manera, has dado paso por paso para vivir realmente tu vida. La única que hay, la de hoy. Tú mismo has comprobado la gran cantidad de cambios positivos con que este trabajo te ha recompensado.

—No sé cómo agradecerte, pequeña. Sé que no te gusta que te pregunte cómo o por qué sabes lo que sabes, ni por qué dedicas tu vida a transmitirlo. Esa curiosidad ya me la quité para demostrarte mi respeto. Pero quisiera poder agradecerte de alguna manera, ¡me siento tan en deuda contigo!

—La mejor forma de agradecer a alguien que te aconseja con el corazón es lo que ya hiciste: creerle y actuar con base en el conocimiento que se te ha regalado. Ver que tu vida ha mejorado tanto es lo más grande que pudiste haberme dado como agradecimiento. Gracias a ti, Arturo.

Arturo se levantó de la silla sonriente y abrazó a María Iluminada, de manera paternal y efusiva.

—¿Puedo seguir viniendo a conversar contigo?

—Cada vez que así lo quieras.

Arturo salió del cuartito, se despidió de Rosario y cuando estaba por bajar el escalón del local, escuchó la voz de a María Iluminada que dijo:

—Encontrarás tu hijo, porque él también te necesita.

Arturo volteó hacia el cuartito y después recorrió con la mirada todo el local, pero no vio a la niña. "Me imagino cosas que quiero escuchar", se dijo. Y entonces se fue caminando tranquilo, sin pensar, concentrado en escuchar el melódico cantar de los pájaros en los árboles de la cuadra.

❦

Todos en casa estaban emocionados porque se aproximaba el cumpleaños número 13 de María Iluminada. Desde la cirugía de corazón había crecido varios centímetros y aumentado varios kilos. Todavía seguía pareciendo pequeña para su edad, sin ninguna seña de convertirse en señorita todavía, pero su condición física en general era mejor. Su antigua palidez había desaparecido y ahora lucía unas mejillas rosadas iguales a las de su madre. Sus encargados la chuleaban mucho, pero ella no le daba la menor importancia porque hasta ahora no había sido tocada por la varita de la vanidad o de la pretensión.

Rosario y Efrén le preguntaban de manera esporádica si quería volver a la escuela para hacer la secundaria, a lo que ella siempre contestaba en forma negativa.

—Mamá, tú ya lo sabes, no necesito ir a la escuela, estoy haciendo lo que me toca hacer. Soy feliz, aquí soy feliz. Papá, no tengo para qué ir a la escuela, yo no quiero ser profesionista para realizarme y tener un buen trabajo como lo esperan Chayito y Efrén, yo vivo en la realización haciendo lo que hago, y mi labor es para mí tan importante como para los profesionistas un gran empleo o un muy buen sueldo.

Entre consulta y consulta de sus encargados, María Iluminada cumplió los 13 años. Convivieron con los parientes más cercanos en una sencilla reunión familiar. Los abuelos de ambas familias, las hermanas de Rosario y él único hermano de Efrén asistieron con sus hijos, todos adolescentes de edades aproximadas a las de Chayito y Efrén chico.

—¡Abre tu regalo, Mary! A poco no está lindo el vestido, pegadito, pegadito, para que empieces a lucir porque vas que vuelas para señorita.

—¿Te gustó la bolsa, Mary? Ahí te cabe hasta tu maquillaje, ahora que empieces a usarlo.

—¡Uy, con este perfume vas a conquistar a muchos muchachos, muñequita!

—Mira qué lindos aretes te trajimos, son arracadas de señorita. ¡Para que te veas más linda!

—Mija, ¿cómo que no has entrado a la secundaria?

María Iluminada sonreía ante los comentarios de sus tías, primas y hasta de su abuelita, les daba las gracias por los regalos, pero no decía ni una palabra más. Desde un rincón

Rosario observaba a la familia interactuar con su hija y pensaba: "Si supieran... No, aunque lo supieran, no creo que pudieran entender que mi hija no es como las suyas, que todos esos objetos no tienen la menor importancia para ella". Y se imaginaba cuánto María Iluminada debía estar deseando que aquella reunión y los interrogatorios terminaran. Rosario sabía que su hija había accedido a la celebración sólo para complacer a su familia.

Cuando la reunión acabó, la niña ayudó a su madre a recoger el tiradero en la casa.

—Gracias, mami, la fiesta estuvo muy bonita. ¡Y los regalos, qué lindos!

Rosario se sentó con ella en la sala y la tomó de las manos diciéndole:

—Mi niña, conmigo no tienes que fingir, yo sé que aceptaste la reunioncita para complacernos a tu papá y a mí, y soy yo quien te lo agradezco. Sé que no te gustan este tipo de festejos y que esos regalos jamás los vas a usar.

—Bueno, sólo quería ser amable mamá, pero, bueno, ya sabía que tú sabías.

Las dos se echaron a reír abrazándose fuertemente y terminaron de limpiar la casa para después retirarse a dormir.

La verdadera Beatriz

—Gracias, gracias, hermana, por servirme el desayuno. ¡Se ve muy bueno! Qué pena me dan tantas molestias que te tomas todos los días por mi causa –le decía Yolanda a Beatriz mientras partía una tortilla y la remojaba en la yema de los huevos rancheros que le acababa de poner en la mesa su hermana menor.

—Nada tienes que agradecer, Yola, lo hago con gusto. Déjame servirme mi chocolate.

La relación entre las dos hermanas había ido cambiando poco a poco desde que Beatriz habló con María Iluminada meses atrás. Los años de control y abuso de Yolanda habían llegado a su fin. Ante los consejos de la niña, Beatriz empezó a quererse a sí misma, a darse importancia y a pedir con su voz y su conducta que la respetasen. Comenzó por decirle a su hermana que, si no pedía las cosas por favor, de un modo amable y evitaba el tono de mando, no la atendería más. Yolanda gritó, despotricó, la insultó cuando escuchó dicha demanda, pero cuando comprobó que no la atendía si no se lo pedía como lo había estipulado, empezó a controlar su tono dominante y peyorativo. Después, Beatriz le pidió que diera siempre las gracias, explicándole a su hermana que no era y nunca había sido su obligación atenderla, que lo había hecho por amor.

Las cosas siguieron evolucionando cuando Beatriz empezó a platicarle a su hermana acerca de lo poco que se había valorado como ser humano, como mujer, durante toda su vida. Parecía que ella de repente se hubiera dado cuenta, ya que nunca le contó a Yolanda de los consejos de María Iluminada. Después, empezó a hablarle de su madre. De lo mucho que la había amado y cuánto le agradecía las cosas buenas que le dio, pero también que se daba cuenta de que nunca le dio su lugar como hija de la familia y siempre la utilizó para el servicio y cuidado de sus dos hermanos. Al principio, Yolanda encontraba siempre una excusa para disculpar a su madre o para disculparse ella, pero ante la rotunda negativa de Beatriz para darle credibilidad a sus argumentos, la hermana mayor terminó por aceptar todo lo que Beatriz le iba señalando.

Llegó a tal punto la claridad y lucidez de los comentarios de Beatriz que Yolanda reconoció la tiranía, los traumas y los abusos de su madre también para con ella, pero especialmente con su hermana menor. Beatriz siempre, al terminar una de sus charlas con su hermana, le aclaraba que en ningún momento debían abrir su corazón al rencor, sino sólo reconocer las cosas para después dejarlas ir.

Beatriz también le habló a su hermana de un secreto que jamás se hubiera atrevido a comentarle si no hubiese visto cómo Yolanda se iba transformando en un ser humano más cálido, amable, comprensivo y agradecido. Hace dos años había conocido en el coro de la iglesia, en el que participaba desde joven, a un señor viudo, poco mayor que ella, cuyos hijos ya eran independientes. Primero fueron amigos, confidentes y después, el trato pasó a ser de enamorados. Beatriz, incluso, le preguntó a su hermana si deseaba conocerlo.

—No sé, Betty. Ya estás muy mayor para esas cosas, ¿no crees?

—No, no creo, Yola. Yo no pude conocer el amor de joven debido al control que ustedes ejercieron sobre mí y a los traumas que me causó mi madre. A ti te casó, creo yo, sin estar enamorada. No me voy a negar a mí misma lo que nuestra madre nos negó a ambas. Y respecto a la edad, no creo que haya tiempo en el amor. Es la primera vez en mi vida que me siento apreciada, querida, deseada por un hombre y voy a continuar mi relación con él. Sólo quería saber si podías comprenderlo para que conozcas a Ezequiel.

No hubo respuesta.

Ese día Yolanda lloró como nunca en su vida, aún más que el día en que murió su madre o su esposo. Lloró y lloró hasta inundar su cama, el piso de su recámara, y casi ahogarse ella en un lamentoso suspiro por la experiencia nunca vivida de enamorarse de alguien y que alguien se enamorara de ella. A los dos días le contestó a su hermana menor que sí, que trajera a Ezequiel a comer cualquier día para conocerlo.

—Yola, ya te preparé tu baño.

—Gracias, Betty, a ver, ayúdame.

—No, señorita. Usted puede caminar solita, despacito, pero puede solita. Así que desde aquí te voy a estar cuidando. A ver, levántate y agarrándote del tocador entra en el baño. ¡Eso! Ahora te voy a dejar con el agua tibia de la regadera para que tú solita te bañes, te seques y te pongas la bata, entonces ya me gritas y yo te vengo a ayudar a vestirte.

Después de que a Yolanda le sucediera la embolia, le fueron prescritas varias terapias físicas por semana, a las cuales Beatriz la llevaba. Al poco tiempo, empezó a negarse a ir y retrasó por muchos años el restablecimiento de su capacidad motriz. Beatriz siempre pensó que lo hacía para chantajearla pues al verla incapacitada podía manipularla mejor. Después de haber hablado con María Iluminada tomó la decisión de dejarla a su suerte para detener el chantaje y, al no estar todo el tiempo atendiéndola como una minusválida, Yolanda empezó a moverse y a valerse hasta cierto punto por sí misma. Cuando Yolanda había mejorado lo suficiente, Beatriz le habló del tema a su hermana mayor, quien con mucha pena acabó reconociéndolo.

Pero hubo un asunto en el que ni toda la fortaleza, determinación y profundidad de las palabras de Beatriz podían hacer cambiar a su hermana.

—Oye, Yola, aunque hayan pasado tantos años yo sigo extrañando a Eduardo.

—Por favor, Beatriz, ¡a ése ni me lo menciones!

—Por qué, hermana, ¿qué te hizo él a ti directamente?

—Tú bien sabes la historia, Betty, el cambio en tu persona me ha ido abriendo los ojos a muchos errores que cometí y que dejé que se cometieran conmigo y contigo, y ahora pienso que nuestra relación y nosotras mismas somos muy diferentes. Al decidir ayudarte a ti misma me has ayudado mucho, hermana, y no sabes cuánto te agradezco, pero en ese asunto, por favor, te pido que no trates de cambiar mi opinión, ¡nunca!

Beatriz asintió con la cabeza y se quedó callada. Después, mientras lavaba los trastes de la cena, reflexionaba que aun cuando su vida y la de su hermana habían mejorado mucho, el cambio no estaba completo en tanto existiera ese resentimiento en el corazón de su hermana. "Tengo que llevarla conmigo a ver a María Iluminada", pensó. Y a la mañana siguiente ya le estaba inventando a Yolanda que se le había antojado hacerse un suéter amarillo, que necesitaba el estambre, que la acompañara a la mercería que estaba junto a la cremería Chayito.

—No, Betty, ve tú. Me mortifica que tengas que andar lidiando con la silla de ruedas por esas banquetas tan mal hechas.

—Pero si no vamos a ir con la silla de ruedas, te voy a poner, no más bien te vas a poner muy bonita y me vas a acompañar caminando a la clase de tejido que dan de cuatro a seis de la tarde.

—Caminando, ¿yo sola? Cómo crees.

—Vamos, Yola, tú y yo sabemos que puedes, ya te compré un bastón, mira, y yo te ayudo del otro brazo. Nos vamos despacito, hermana. Vas a ver qué contenta te vas a sentir de salir por ti misma a la calle después de casi ocho años.

Después de una hora de labor de convencimiento quedaron de acuerdo, y esa tarde a las cuatro Yolanda dio su primer paso en la calle después de tanto tiempo.

Tardaron casi media hora en recorrer las 10 cuadras que separaban su casa de la mercería. Cuando al fin llegaron, Rosario acudió inmediatamente a ayudar a Beatriz para que Yolanda pudiera subir los dos escaloncitos que había entre la banqueta y el piso del local.

—Pasen, pasen, señoras, buenas tardes. Siéntense, por favor. ¿Vienen a la clase de tejido?

—Sí, señorita.

—Señora. ¡Imagínense, tengo ya un hijo de 18 años!

—Ah, pues es que se ve tan joven.

—Gracias. En unos minutos empezamos, nada más que lleguen otras tres alumnas que tengo.

De repente, Beatriz se levantó y caminó rumbo al mostrador para poderle decir a Rosario unas cuantas palabras en voz baja.

—En realidad, quería ver si podemos hablar con su hija. ¿Cómo está? Oí rumores de que había estado enfermita.

—Sí, lo estuvo. Pero ya está muy bien. Y sí, claro que sí pueden hablar con ella, fue por un helado a la esquina, pero ya vuelve.

—Qué alegría, me voy a sentar a esperarla.

Unos minutos después, entraba María Iluminada con su acostumbrado helado gigante como postre para la comida.

—¡María Iluminada, qué gusto verte tan bien! –gritó Beatriz cuando entró la niña a la mercería a la vez que le daba un abrazo tan fuerte y sincero que casi le tira el helado–. Estás más alta y llenita, mira tus mejillas, están rosadas. ¡Qué linda!

—Gracias, Betty, creo que me hizo bien la operación.

—¿Cuál operación?

—Nada, nada, Betty. Olvídate de eso. Ven, trae a Yolanda contigo al cuartito de consultas.

Beatriz tomó del brazo a su hermana mayor como indicándole que se levantara, ésta milagrosamente se dejó guiar sin preguntar nada. María Iluminada ya tenía preparada una silla extra en la bodeguita. Cuando estuvieron las tres sentadas Beatriz se dirigió a la desconcertada Yolanda.

—Hermana, ella es María Iluminada.

—Mucho gusto, preciosa.

—María Iluminada, ella es mi hermana mayor, Yolanda.

—Qué gusto por fin conocerte, Yola. ¿Cómo te sientes ahora que Betty te ha ayudado a abrir tu corazón a tantas cosas?

La expresión en la cara de Yolanda cambió de repente y el desconcierto mezclado con amabilidad se volvió enojo y demanda.

—Beatriz, qué le has contado de nuestra vida privada. ¿De qué me está hablando esta niña?

María Iluminada respondió con su acostumbrada voz dulce y serena:

—Tranquila, Yolanda, Betty no me ha dicho nada que yo no supiera. Y lo único que se ha llevado de aquí han sido pequeñas reflexiones que ella sola ha ido aplicando en su vida, la cual, por cierto, ha mejorado mucho. Ella está muy contenta.

Yolanda no supo qué contestar, ni qué preguntar de nuevo. La voz de la niña la había hipnotizado. Se calmó y se limitó a escuchar.

—Yola, no puedes negar que el cambio en nuestras vidas ha sido asombroso. Ahora nos relacionamos como hermanas que se quieren y se respetan y estamos tratando de dejar atrás todos los traumas y prejuicios que nuestra madre nos inculcó. Hemos abierto las cortinas de las ventanas de nuestra casa. Ahora reímos, platicamos. ¡Hasta estás caminando de nuevo! Pero todavía hay un sentimiento negativo en tu corazón y yo no he podido hacer que lo cambies.

María Iluminada volvió a intervenir:

—Yolanda, tu hermano ya no está aquí. Él ha partido a otra dimensión de la existencia. Ese resentimiento que guardas hacia él nunca tuvo sentido cuando estuvo en su cuerpo físico, mucho menos ahora que se ha ido.

—Es que… –balbuceó Yolanda y empezó a llorar quedamente, pero sin parar.

—Primero que nada, Yola, tú debes saber que no se puede tener un resentimiento hacia alguien que no quieres. Si alguien que tú no amas hace algo que te hiera, de momento te enojas y después lo olvidas y no tratas más a esa persona. Pero si lo hace alguien que quieres, entonces cuando el enojo se va, quedará el resentimiento. Esa emoción demuestra cuánto le amas y cuánto esperabas de él.

—Si no se hubiera ido así.

—Yola, el resentimiento es una emoción negativa muy devastadora. Hace mucho daño, ¿y sabes qué es lo curioso? Que acaba por deshacer la paz del alma de quien lo siente, mientras que el causante de dicha emoción muchas veces ni cuenta se da, ni le importa. El resentido piensa que con ese desprecio y alejamiento castigará al otro por haber hecho esto o aquello. Sin embargo, en realidad el otro sigue su vida y quien resulta castigado es el propio resentido. ¿Ha sido así en tu caso?

Todavía llorando, sin poder hablar, Yolanda asintió con la cabeza.

—Además, Yolanda, no tendrías que estar resentida con tu hermano. Ese sentimiento negativo fue impuesto por tu madre, y después, la imposición se albergó en ti como una imitación, una forma de vivir, no una reacción que realmente saliera de ti.

Beatriz ya no pudo quedarse callada e intervino:

—Es verdad, hermana, ese resentimiento te lo transmitió nuestra madre porque, según ella, Eduardo le falló. Pero tú y yo, ¿qué sentíamos realmente? ¿Acaso ella nos preguntó qué opinábamos de la decisión de nuestro hermano de irse con la mujer que él amaba? Ya no éramos unas niñas. Yo nunca sentí enojo o aversión por las decisiones que Eduardo tomó sobre su vida. Yo siempre lo seguí queriendo y extrañando, pero tenía que fingir con mi madre que lo detestaba. Sé sincera, ¿qué sentías tú?

—¡Mi madre decía que era una mujer mala, que había embrujado a Eduardo, que nos lo había robado, que teníamos que odiarla y olvidarnos de él!

Continuó María Iluminada:

—Tú lo has dicho, Yolanda: "Mi madre decía", "mi madre sentía". No eran ustedes dos las que pensaban ni sentían así. Ha sido siempre un resentimiento heredado, contagiado, no es de ustedes. Es tiempo, Yolanda, de acabar con eso. De liberarte de ese sentimiento que es veneno para tu alma. Tú madre ya no está. Eduardo tampoco. Pero sí están sus hijos, tus sobrinos, sangre de tu sangre, a quienes ves pasar por la calle y sientes que el corazón te brinca de alegría. Y qué darías por abrazarlos y decirles que eres su tía, que los quieres, que te recuerdan tanto a tu querido hermano. Lo mismo que le pasa a Beatriz. Y respecto a esa supuesta mala mujer, ella no se robó nada. Nadie le pertenece a nadie. Cada ser humano tiene la libertad de decidir con quién quiere compartir su vida. Si ella cometió errores antes de conocer a Eduardo, ¿quién es quién para juzgarla? El amor transforma. Eduardo ya se fue, pero todo el tiempo que vivió con ella se amaron profundamente.

Otra vez intervino Beatriz:

—Si vieras, María Iluminada, el muchacho es igualito a Eduardo, es guapo y elegante. Y mi sobrina es una princesa. Se me parte el corazón cuando los encuentro por la calle sin poderles decir que soy su familia, que los quiero.

Yolanda se había secado las lágrimas y escuchaba calmada. Después de un largo silencio, María Iluminada le dijo:

—¿Qué sientes, Yolanda?

—Que tienes razón, que yo nunca sentí nada en contra de mi hermano, que tenía que obligarme a pensar que era malo, que no nos quería, que nos había abandonado. En realidad, yo siempre lo seguí queriendo y me moría por verlo. Y cuando supe que tuvo a sus hijos, ¡cómo deseaba conocerlos! Incluso pensé ir a verlo en secreto y también a su mujer, pero cuando estaba viva mi madre, era imposible. Después de que ella murió, tras tantos años de oír sus quejas, sus desdenes, sus lamentos, su odio hacia todo lo que tuviera que ver con Eduardo, me había vuelto un robot que repetía en su cabeza las mismas palabras de resentimiento de mi madre.

—Tienen que verlos –dijo María Iluminada–. El tiempo pasa muy rápido, Yolanda, es necesario que visites a la esposa de tu hermano, pronto.

—¿Por qué? –preguntó intrigada Yolanda.

—Sólo hagan lo que les sugiero, vean pronto a su familia. Búsquenlos, explíquenles, discúlpense en el nombre de su madre. No saben el manantial de dicha del que se han estado privando. Y para esos muchachos también será muy importante conocerlas.

Yolanda tomó la mano de María Iluminada y la puso entre las suyas, la llevó hacia su frente y le dijo:

—No sé quién eres, ni por qué sabes estas cosas, ni por qué hablas con tanta sabiduría, pero en este ratito que te he escuchado, me has levantado una loza que llevaba cargando por muchos años. Gracias, niña, Dios te bendiga.

Después de las palabras finales y las cordiales despedidas, Yolanda y Beatriz salieron del local caminando agarradas del brazo, con el alma limpia de todas las manchas oscuras con que la viuda de Eduardo Santanera padre se las había teñido.

La determinación de Ara

—¡Buenos días! ¿Ya se despertó mi muñeca?

Decía Ara como cantando en voz alta mientras abría poco a poco las gruesas cortinas del cuarto de su madre. Con una voz débil y rasposa Araceli le contestó:

—Ya, hija, ya estaba despierta desde como a las seis, ya ves que no puedo dormir bien.

—¿Te sigues despertando muchas veces, mamita?

—Sí, hija, pero ya no quiero decirle nada al doctor, ya ves cómo estoy atiborrada de pastillas, ahora va a querer recetarme píldoras para dormir. No, ya no más pastillas.

Poco después de haber visitado a María Iluminada, Ara dejó el departamento que compartía con su amiga cerca de la universidad y regresó a vivir con su madre. Un día después de haberse instalado en su antigua habitación, habló tranquila y largamente con su madre. Lloró mucho pidiéndole perdón por todos esos años de indiferencia, de descuido, de evasión, desde que enfermó la primera vez. "No hay nada que perdonar", contestó Araceli después de dejar que su hija llorara y llorara en su regazo hasta desahogar el más mínimo resto de culpa. "Lo importante es que estás aquí ahora y que podemos demostrarnos cuánto nos queremos, hija", puntualizó la enternecida madre acariciando el pelo largo y castaño de su hija.

—¿Te sientes muy adolorida, mami? ¿Se te antoja un ba-
ñito en la regadera?

—No, hija, si no es mucha molestia, dame mejor un baño
con la esponja. No me siento con fuerzas para estar parada
tanto tiempo.

—Claro, mamita chula, y no es ninguna molestia. Es un
honor para mí poderte servir de algo.

Araceli estaba en un estado terminal de cáncer, enfermedad que había empezado seis años atrás en algunos ganglios
y uno de sus senos, y que después de dos operaciones y múltiples sesiones de quimioterapia, había hecho metástasis hasta
sus pulmones. Ara bañó amorosamente a su madre con una
delicada esponja y agua calientita. La untó con un aceite de
lavanda y almendras para suavizarle la piel y darle un delicado masaje. La vistió, la peinó y hasta se ofreció maquillarla.

—No, hija, no se me antoja traer la cara pintada.

—Bueno, mami, de todas formas, eres muy hermosa ¡ni
lo necesitas! ¿Qué se te antoja desayunar para decirle a Gertrudis que te lo vaya preparando mientras te tomas tu té con
tu medicina? A ver déjame ponerte el oxígeno un ratito.

—Sinceramente, nada, Ari, no tengo nada de hambre.

—¡Ah no, señora! Usted tiene que comer, no puede vivir
sin alimentarse. La comida es como la gasolina de un carro,
como tú me decías de niña. ¿Te acuerdas, mamá?

—Sí, tenía que argumentar lo que fuera para que co-
mieras. Ah, cómo eras melindrosa.

—Le voy a decir a Gertrudis que te pique un poquito de
fruta y que te haga unas quesadillas, a ver si ya viéndolas se te
antojan.

—Gracias, hija. ¿Cómo te fue en el examen de ayer?

—Muy bien, mamá. Ya nada más me faltan los de tres
materias y se acabó el año. Qué rápido, parece que fue ayer
cuando me llegaba la hora de inscribirme a la universidad y

yo sin haber decidido qué estudiar. ¡Gracias a Dios que no me equivoqué!

Araceli estudiaba leyes en la universidad, al igual que lo había hecho su padre. A mitad del tercer año, cuando regresó a casa, se cambió al turno de la tarde para cuidar a su madre toda la mañana y permitirle así a Gertrudis ocuparse libremente de las compras, la comida y demás quehaceres domésticos.

Aun cuando ya había hablado muchas veces con su madre y también muchas veces ésta le dijo que no pensara en el pasado, la joven no dejaba de sorprenderse de cuánta falta había hecho que ella estuviera ahí, y lo sentía principalmente por todo el amor que su madre necesitó durante los largos años de enfermedad.

—A ver, mami, siéntate bien derechita. ¡Eso es! Mami, ¿no vino ayer Andrés?

—No, Ara, en toda la semana no ha venido. Pero déjalo, no lo molestes, estará muy ocupado.

Ara terminó de darle el desayuno a su madre y la dejó sentada en su sillón viendo la televisión por un rato. Bajó a la cocina y le dijo a Gertrudis que necesitaba salir por unas dos horas, que no tardaría. Manejó rápidamente hasta la residencia en la que vivía su hermano con dos compañeros de la universidad. Tocó el timbre varias veces seguidas. Alguien contestó por el interruptor.

—¿Quién es?

—Soy Ara, la hermana de Andrés. ¿Le puedes decir que si baja, por favor?

—Está dormido.

—No importa, por favor, despiértalo, dile que lo voy a estar esperando aquí abajo si es preciso toda la mañana.

Minutos después, Andrés en pijama y con cara de desvelado, abrió la puerta del estacionamiento.

—¿Qué pasa?

—Andrés, parece que no hubiéramos hablado la última vez. Me dijiste que ya habías entendido lo importante que es que veas a nuestra madre, que la cuides, que le demuestres tu amor.

—La semana pasada fui a verla.

—¿La semana pasada? Si no es un pariente lejano al que se le visita por educación y caridad. ¡Es tu madre! ¡Ya te expliqué lo importante que es para ti que la veas, más que para ella!

—Déjame en paz, Ara, yo no quiero verla así. No puedo. Entendí todo ese rollo que me echaste, ¡pero no puedo!

—Ya basta, vístete, me vas a acompañar a ver a alguien.

—¿Estás loca? ¿A ver a quién, al loquero, al doctor de mi mamá?

—Tú vístete, por favor, y acompáñame.

Mientras decía esto, Ara iba subiendo las escaleras delante de Andrés hasta su cuarto.

—Si no te alistas, te voy a hacer un dramita enfrente de tus amigos.

—Ya párale, quédate aquí afuera, salgo en cinco minutos.

—¡Pobre de ti si no sales, eh! Te poncho las llantas.

Media hora después, Ara se estaba estacionado frente a la mercería.

—Bájate.

—Qué, ¿vas a comprar hilos o qué?

Ara lo tomó de la mano fuertemente y entraron los dos al local.

—Buenos días, señora, ¿podemos hablar con María Iluminada?

—Claro que sí, sólo esperen a que termine de hablar con un encargado. Siéntense, por favor –les dijo sonriendo Rosario mientras terminaba de acomodar decenas de madejas de estambre en el mostrador.

Andrés, inquieto en la silla, preguntó:

—¿María Iluminada? ¿Quién es? Qué, estás viendo a esas señoras que dizque hacen brujería o qué. ¡Estás bien loca!

Ara permaneció callada. Minutos después salió un joven del cuarto de María Iluminada, quien con una sonrisa y un abrazó lo despidió. Después saludó a la joven.

—Hola, Ara, ¡qué gusto me da verte!

La niña abrazó a la inquieta muchacha quien le devolvió el abrazo y le presentó a su hermano.

—María… éste es mi hermano Andrés.

—Ara, acuérdate, es María Iluminada.

—Sí, lo siento mucho, María Iluminada, éste es mi hermano Andrés.

—Mucho gusto, Andrés, te estaba esperando.

—¿A mí?

—Sí, a ti. Sabía que ibas a venir. Pasen.

La niña los condujo hasta su bodega, les indicó que se sentarán y ella hizo lo mismo.

—María Iluminada, Andrés…

—Lo sé, Ara, no te preocupes.

—Andrés, si realmente entendiste lo que te explicó tu hermana, ¿por qué sigues renuente de ver a tu madre?

Andrés estuvo a punto de contestarle: "Tú quién eres, tú cómo sabes, tú qué tienes que ver en esto". Pero notó a su hermana viendo con tanta ternura y admiración a la niña, y se dio cuenta de que María Iluminada lo observaba con tal amor y empatía, que le dio pena contestar rudamente; se sintió confundido y sólo pudo responder a lo que la niña le estaba preguntando.

—Sí, ya sé que se va a morir en cualquier momento. Pero prefiero mantenerme alejado, pues siento que así me va a doler menos porque ya estoy acostumbrado a no verla.

—Si sigues así no te va a doler menos, te va a doler mucho más. No por alejarte de tu madre desde que se enfermó vas a dejar de amarla. Dime, ya llevas años distante, pero ¿te has olvidado de ella, la amas menos ahora que hace seis años?

—No.

—La amas igual, lo único que has logrado al alejarte es irte llenando de culpabilidad, aunque ahora no lo percibas, y, además, perderte de la experiencia maravillosa y enriquecedora que es acompañar a un ser querido en la última y más difícil prueba de su vida.

—Siento miedo cuando estoy con ella.

—Porque ves tu propia mortalidad reflejada en la muerte de tu madre. Y porque crees que no podrás soportar el dolor que te causará su partida definitiva. Ambos motivos no tienen fundamento. No debes tener miedo de la muerte, ni de tu muerte, ni de la muerte de nadie. La muerte no es un final, como ya te explicó tu hermana, es sólo una transición hacia otra forma de existencia. Desde que nacimos, tú, yo y todos empezamos a morir. La transición es además una experiencia dichosa, es un acto espiritual tan natural como el nacer a este mundo. Y respecto al dolor que no crees poder soportar cuando se vaya tu madre, tienes que entender esto: sólo se extinguirá su cuerpo físico, pero su alma, su esencia, su espíritu, la verdadera Araceli no se irá nunca. Existirá en otro plano dimensional como alma, pero estará también viviendo en ti mientras la ames. Y un elemento que te dará gran fortaleza será la intensidad del amor que se transmitan entre ustedes ahora, cuando todavía permanece en este plano. Si la dejas ir sin haberle expresado todo ese amor y agradecimiento que sientes hacia ella, entonces tu dolor por su partida será muy intenso. Sólo el amor te dará la aceptación para el antes y el después.

Para este momento, María Iluminada ya había tomado la mano de Andrés entre las suyas. El muchacho estaba como hipnotizado escuchando la melodiosa voz de la niña y mirándola todo el tiempo a los ojos.

De repente Andrés se soltó y gritó:

—¡Me tengo que ir! ¡Dame las llaves!

—Espérate, ¿qué haces?

—El joven se levantó bruscamente de la silla, tomó las llaves del auto del bolso de Ara, abrió la puerta del cuartito y salió corriendo. El auto se alejó en un instante.

—Déjalo Ara, es normal que esto ocurriera.

—¿Qué le pasó?

—Hay conciencias que tienen un súbito despertar y no hay que interponerse en su camino.

María Iluminada y Ara se despidieron con tranquilidad. Ara le dio las gracias. La niña le aseguró el cambio de su hermano. Ara bajaba los escalones del local cuando María Iluminada le dijo:

—Ara, por favor, vengan los dos exactamente en dos meses, el mismo día pero en dos meses.

La joven no comprendió cual sería el motivo pero contestó que sí, que ahí estarían.

Otra oportunidad

Federico llevaba ya cuatro meses lejos de su familia. Después de haber hablado con María Iluminada, se había metido a Alcohólicos Anónimos, había comprado varios libros de autoayuda y control de adicciones, y, recordando siempre lo hablado con la niña, se había dado a la tarea de reencontrar su lado espiritual. Se sentía tranquilo, conforme consigo mismo, en control de sus emociones. Muy pocas veces había dejado que Federico, el atormentado, saliera a la luz, sin embargo, pensaba y pensaba cómo hacerle saber a Raquel y a los niños que había ocurrido esta metamorfosis en él. Su esposa sólo le llamaba para informarle cómo iban los trámites del divorcio y le pasaba a los niños con quienes platicaba por unos minutos. Sabía que en esta ocasión sus antiguos recursos, como una serenata con mariachi seguida de una costosa joya, no tendrían ningún efecto, además, ahora le parecían verdaderamente patéticos.

Empezó a visitar a su madre y a su padrastro dos o tres veces por semana. Fue con ellos con quienes empezó a practicar el control sobre Federico, el atormentado. Los resultados fueron muy buenos. Su madre notó el cambio inmediatamente, pero se quedó callada. Federico ahora saludaba con un abrazo a su padrastro, quien comenzó también a mostrarse más afectuoso con él.

—Papá, ¿cómo te sientes?

—Ahí voy, hijo, ya ves, la vida desordenada siempre cobra sus facturas.

—No te sientas culpable, papá, el pasado ya no existe. Perdónate a ti mismo y haz lo mejor que puedas el día de hoy, que nadie te señala.

—¿Tú no me señalas, Federico?

—No, ya no. Lo hice con mi conducta por muchos años. Y tratando de vengarme de ti y de la vida lo único que logré fue hacerme mucho daño a mí mismo y a mi familia.

Federico llevaba meses sin alimentar aquellos recuerdos de su padrastro alcoholizado insultándolo y golpeándolo, y maltratando a su madre. Cuando querían apoderarse de él, de inmediato los suplantaba por recuerdos de cuando el hombre que ahora tenía enfrente pagaba sus colegiaturas en las mejores escuelas, lo llevaba a divertidas vacaciones y se ponía feliz al verlo destacar en los estudios o los deportes.

Federico se levantó del sillón y se sentó en cuclillas junto a la silla de ruedas de su padrastro. Le tomó la mano flaca con las venas saltadas y le dijo:

—Perdóname, papá, por haberte tenido rencor tantos años, por haber sido frío y distante contigo. Quiero que sepas que ya no hay en mí ningún sentimiento negativo respecto a lo que sucedió en el pasado. Quiero decirte que valoro y te agradezco todas las cosas buenas que me diste a pesar de no ser mi padre biológico.

Para este momento, el padrastro de Federico derramaba lágrimas a borbotones y se secaba con su pañuelo. La madre de Federico observaba llorando desde la puerta de la cocina.

❦

Llegó el momento de presentarse a una de las audiencias del proceso de divorcio. Raquel estaba ahí sentada junto a su abogado. Federico llegó solo, nunca había contratado a nadie. Desde el momento que entró en la sala del juzgado, Raquel percibió un cambio notable en el aspecto de su marido. El vientre abultado del asiduo tomador había desaparecido ya. Estaba vestido correcta pero sencillamente. Raquel nunca había visto esa expresión en su cara, transmitía una melancolía mezclada con tranquilidad. Federico se aproximó a Raquel y al abogado y extendiéndoles la mano los saludó:

—Buenos días, Raquel. Buenos días, licenciado.

—¿Cómo estás, Federico? –fue la respuesta que dio una desconcertada Raquel.

—Triste, pero tranquilo.

En ese momento, Raquel se había levantado del asiento y las caras de ambos quedaron a la misma altura. Pudo verse reflejada en los ojos ambarinos de su esposo que ahora emanaban una desconocida humildad. Sintió que un escalofrío la recorría toda y que estaba frente a alguien muy diferente al que conocía o había sido su marido.

—Sí, te veo tranquilo.

Y Federico repitió la pregunta:

—Y tú, ¿cómo has estado?

Raquel no supo que responder. Ella venía preparada para enfrentar a un hombre agresivo, dominante, soberbio. Sabía que tendría que soportar esa mirada altiva y llena de rabia otra vez. A ese hombre le hubiera contestado un "bien" fríamente como tantas veces lo había ensayado, pero a este Federico que no reconocía, ¿qué le nacía contestarle? ¿La verdad? Que se sentía sola, triste, desilusionada, llena de coraje por haberse dejado maltratar y que maltratasen a sus hijos por años. Que había amado tanto a su esposo y que aun sabiendo que era un monstruo, quedaban vestigios de ese amor. Pero acabar con aquello era lo correcto, lo prudente, porque su corazón cada día se debatía entre el enojo y la desolación.

—Triste, pero tranquila –contestó.

Federico bajó la mirada en señal de quien reconoce una gran culpa. Se sentó junto a Raquel y le pidió a Dios, con todo su corazón, que el abogado se retirase un instante para hablar a solas con su mujer.

—¿Cómo están los niños?

—Bien. Bueno, no tan bien. Confundidos por tu ausencia.

En ese momento fueron escuchadas las plegarias de Federico y el abogado de Raquel se levantó.

—Si me permite, señora, voy a ver por qué se están tardando tanto en llamarnos.

—Adelante, licenciado –contestó Raquel aliviada, pues ella también deseaba indagar acerca del Federico que tenía enfrente–. Tenía mucho miedo de verte desde que levanté la demanda del divorcio. Se me hizo muy extraño que no te aparecieras por la casa gritando, amenazando, quizás tratando de golpearme cuando la recibieras. O que no me estuvieras llamando para insultarme. Cuando faltaste a la audiencia pasada, me sentí aliviada, pues estaba aterrada de verte.

Federico mantenía bajas la cabeza y la mirada mientras escuchaba a su esposa.

—Te entiendo. Mejor dicho, creo que no. Nunca voy a alcanzar a comprender el infierno que debe haber sido para ti vivir con dos hombres en un mismo cuerpo. Uno que era el esposo que te amaba y, el otro, un monstruo que a la menor provocación actuaba con violencia. Siempre queriendo tener la razón, dominar, humillar, y ya ni hablemos de cuando se alcoholizaba, pues su rabia, su abuso y su agresividad llegaban a un punto inimaginable. Un gañán traumatizado que desquitaba todo su dolor con las víctimas inocentes más cercanas.

Al terminar de decir estas palabras, Federico tenía los ojos húmedos y los secó con sus manos. Continuó hablando:

—Sé que esto no tiene marcha atrás, pero quiero que sepas la vergüenza y el arrepentimiento que siento por haberte causado tanto dolor, a ti y a mis hijos. Quiero que sepas que Federico, el atormentado, el causante de todo ese desastre, ha muerto. Que a quien tienes enfrente es a Federico, el verdadero, el que llegaste a vislumbrar muy contadas veces. El que te hizo sentirte amada, el que se quedó sin palabras cuando vio nacer a cada uno de sus hijos. Quizás algún día puedas comprobar que lo que te digo es verdad y perdonarme.

Los ojos de Raquel también se llenaron de lágrimas, sacó un pañuelito y se secó los ojos. En ese momento, se presentó su abogado para avisarles que podían pasar al juzgado.

Después de decir las acostumbradas palabras, el ayudante del juez presentó los papeles preliminares al acta de divorcio pues todavía faltaba una audiencia más. Raquel firmó. Federico también lo hizo y en aquella firma sintió que dejaba la mitad de su alma, pero aceptó con humildad que no era más que la consecuencia lógica de sus actos dañinos y equivocados.

⤖

Después de esa reunión en el juzgado, Raquel no dejaba de pensar qué le habría pasado a Federico. ¿Estaría recibiendo alguna terapia? ¿Estaría viendo algún psicólogo? ¿Serían auténticas las palabras que le había dicho? Las palabras podrían mentir, pero ¿podría su mirada, tan diferente, ser falsa? Decidió llamarlo a mitad de la semana para comentarle si deseaba pasar a ver a los niños el sábado.

Federico estaba tocando a la puerta ese fin de semana.

—Pasa, me tardé en abrir porque no esperábamos a nadie más y como tú tienes llave.

—Sería incapaz de entrar a esta casa usando mi llave, me sentiría un intruso quebrantando tu privacidad y la de los niños.

—¿Un intruso?

Raquel lo saludó con un beso en la mejilla. Extrañamente, no tenía miedo de acercarse a él, sentía confianza. "¿Pero qué está pasando? Éste no puede ser Federico".

La presencia de los niños en la escalera de la casa sacó a Raquel de sus pensamientos.

—¿Qué hacen ahí? ¡Vengan a saludar a su papá!

Los niños, de nueve y siete años, bajaron lento las escaleras y abrazaron con timidez a Federico. Éste se sentó en un sillón de la sala para estar más a su altura y los abrazó y los besó fuertemente.

—¡Los he extrañado muchísimo! ¿Cómo han estado? ¿Qué tal va la escuela? ¿Cómo te va en el equipo de fútbol, Rico? ¿Qué dicen esas clases de karate, campeón?

Los pequeños, con el recuerdo del Federico de humor cambiante, contestaban parcos y temerosos. Raquel los dejó convivir y se fue a la cocina a seguir arreglando su despensa. En media hora entraba la nerviosa madre con una charola de sándwiches y vasos con refresco. El ambiente había cambiado drásticamente. Adolfito estaba sentado en la pierna de su padre y se abrazaba a su cuello, mientras tanto, Federico padre y Federico hijo reían a carcajadas.

—Aquí les dejo un tentempié.

—Gracias, mami.

—Gracias, Raquel.

Contestaron ambos sin dejar de reírse y continuaron con las anécdotas que el niño le contaba emocionado a Federico acerca de los partidos de fútbol de la liga de su escuela. Raquel percibió la energía positiva en el ambiente y se paró detrás del muro del comedor para escuchar la plática. No podía creer lo que pasaba. Los niños platicaban a su padre con confianza sobre sus actividades, él les prestaba toda su atención y les daba consejos o les hacía bromas y cosquillas que tiraban a los niños de la risa. Estaba siendo un padre cálido, amoroso y los hijos de Raquel le abrían rápidamente las puertas de su corazón a este nuevo Federico que tenían enfrente.

—Papá, ¿ya no te enojas? –preguntó de repente el más pequeño.

—No, ya casi no, hijo.

—¿Ya no tomas alcohol? –preguntó inmediatamente Federico, el mayor.

—No, ni una gota, hijo.

—¿Vas a volver a la casa o se van a divorciar como dice mi mamá?

Federico no sabía qué contestar y como Raquel lo intuyó, hizo su oportuna entrada en la sala en ese preciso momento.

—¿Por qué no salen a algún lado juntos?

—¡Sí! –gritaron los dos niños emocionados.

—¿En serio? –preguntó Federico.

—Sí, en serio. Por qué no pasan un día juntos, hace mucho que no se ven, tendrán mucho que contarse y seguro no me querrán a su lado.

Federico le dio las gracias a Raquel con un abrazo y ella, sin devolvérselo, le contestó:

—No tienes nada que agradecer, aquí los espero. Pásenla muy bien.

A partir de ese día, Raquel permitió que Federico conviviera todos los sábados con sus hijos. Algunas veces hacían divertidos paseos y, otras, permanecían en casa armando rompecabezas, entretenidos con juegos de mesa o practicando jugadas de fútbol en el jardín. Raquel habló, sin que lo supiera Federico, con su abogado para que postergara la última y definitiva audiencia de firma del divorcio.

—Me voy, Raquel, ya se durmieron los niños. La pasamos muy bien. ¿No has visto como ya juega Rico? Tiene mucho talento para la pelota, lo voy a meter a Pumitas para que lo practique más en serio. Y Adolfo es un niño adorable, muy inteligente. ¡Se sabe varias jugadas complicadas de ajedrez!

—¿Y tú también te diviertes con ellos?

—Pues claro, ¡los disfruto muchísimo!

Federico se acercó con respeto a su mujer, sin querer invadir su espacio, y se quedó como a un metro de distancia.

—Muchas gracias, Raquel. Eres una mujer muy noble. Después de todo el sufrimiento que les causé me dejas convivir con mis hijos. No cabe duda de que acerté al casarme contigo. Lástima que actué tan erróneamente como esposo y como padre –otra vez sus ojos se humedecieron.

—Federico, ¿qué te ha pasado? No eres el mismo de antes. Parece que estuviera tratando con un hombre distinto.

—Bueno, me inscribí en Alcohólicos Anónimos y hace meses que no pruebo una gota de alcohol. También he estado leyendo mucho sobre autoayuda, y…

—No, no puede ser que un cambio tan radical, tan drástico se deba sólo a eso, dime la verdad… acaso es que yo no llené tus expectativas y por eso estabas tan enojado siempre, tan agresivo. Dime, ¿es la ilusión de otra mujer la causante de este cambio?

—Bueno… sí, debo ser honesto contigo, sí fue otra mujer.

Raquel sintió que la tierra se abría y se la tragaba hasta lo más profundo.

—Entiendo. Pues buena suerte con ella. Puedes seguir viendo a los niños cada fin de semana si así lo quieres. Buenas noches, Federico.

—Espera…, espera, Raquel, esa mujer es muy especial.

—Debe serlo.

—Me gustaría que la conocieras.

—Estás loco, ya volvió el Federico de siempre. No gracias.

—Por favor, te ruego que me acompañes a verla.

—Estás loco, Federico. Y yo que pensé que esto era como un milagro. ¡Ahora estás actuando con la locura de antes!

—Raquel, por favor, confía en mí, no es una enamorada, acompáñame a verla.

Al final, por curiosidad y con la esperanza de que esa mujer no tuviera nada que ver sentimentalmente con su esposo, Raquel accedió. El lunes siguiente por la mañana, Federico pasó por ella y se dirigieron a la mercería. A la desconcertada Raquel le llamó mucho la atención el gran letrero que colgaba de la pared frontal de la mercería: "Se dan consultas espirituales, sin costo alguno". Los dos entraron al local y Federico dio los buenos días a Rosario.

—Buenos días, señor, vienen a ver a mi hija, ¿verdad?

—Sí, señora, ¿está?

—Claro, me está ayudando lavar unas gavetas atrás en el patio. Ahorita le llamo. Siéntense, por favor.

En unos instantes entró María Iluminada portando un vestido rosa con diminutos pensamientos blancos en el estampado, sus zapatos negros sin tacón y el pelo a medio hombro recogido en una colita de caballo. Cuando vio a Federico se abalanzó sobre él y le dio un fuerte abrazo; él respondió con la misma efusividad.

—¡Federico! ¡Qué alegría verte de nuevo! ¿Cómo estás?

—María Iluminada, quiero que conozcas a mi esposa, ella es Raquel. Raquel, ella es la mujer de la que te hablé, se llama María Iluminada.

La niña abrazó a Raquel con igual efusividad.

—¡Qué gusto conocerte, Raquel!

—Igualmente.

Y volteando la cara hacia su esposo le dijo:

—No entiendo, no me vas a salir con que esta niña es tu hija, ¿verdad?

—No, mujer. María Iluminada se dedica, como leíste allá afuera, a platicar con la gente. A dar consultas espirituales.

Raquel no podía creer lo que escuchaba y veía, todo le parecía como salido de un mundo paralelo, extraño.

—No entiendo, Federico.

Al notar su desconcierto, María Iluminada la tomó de la mano y le dijo:

—Ven, Raquel, pasa conmigo a mi bodega unos momentos. Quiero que me conozcas.

Raquel se dejó guiar por la niña y Federico, tranquilo, se sentó a la mesa de clases de bordado. Dentro de la bodeguita, María Iluminada comenzó a hablar:

—Habrás notado un cambio profundo en Federico.

—Sí, pero ¿quién eres tú? ¿Qué tienes que ver con la nueva forma de ser de mi esposo? ¿Por qué me tratas con tanta familiaridad?

—Todo eso se lo puedes preguntar a tu esposo. Lo que tengo que pedirte es que confíes en su transformación. No está fingiendo. Ha despertado y ahora vive en conciencia. Nunca volverás a ser maltratada por Federico, el atormentado, pues ahora tienes junto a ti al verdadero Federico. Salvar tu matrimonio y el hogar de tus hijos dependerá de la confianza que tengas en mis palabras y la que tu corazón sienta respecto al nuevo hombre que está allá afuera. Sólo tú puedes decidir, Raquel.

Los ojos de María Iluminada, oscuros, penetrantes, brillantes, miraban directo a los suyos.

Federico y Raquel salieron unos minutos después de la mercería. Durante el trayecto a la casa, Federico le contó a su esposa cuanto detalle quiso saber acerca de la niña y sobre su encuentro con ella. Respecto a las enseñanzas por las que lo había conducido, él prefirió guardarlas para sí, como una muestra de respeto hacia María Iluminada.

Raquel trataba de razonar y que esto la hiciera desconfiar, estar alerta, pero, por más intentos que hizo, no pudo. Sin explicación, sentía confianza en este hombre nuevo que tenía junto a ella. Y la mirada y las palabras de María Iluminada se habían quedado fijas en su mente. El silenció reinó todo el resto del trayecto.

Federico la dejó en casa, se despidió amablemente de ella y le preguntó:

—¿Está todo más claro para ti ahora?

—No sé, Federico, me siento como en otra dimensión, en otro mundo.

Federico le dio un cálido y a la vez respetuoso abrazo y se fue dejando a Raquel con un sentimiento que nunca había experimentado antes, una mezcla de aturdimiento, alegría, asombro; no sabía bien lo que sentía, pero desde que se había casado con Federico era la sensación más real, más plena que había tenido en mucho tiempo.

><

—Pero, señora Bermúdez, ¿está usted segura de lo que está haciendo?

—Sí, licenciado, completamente segura.

—No se deje engañar, hay hombres que aparentan haber cambiado para disuadir a sus mujeres acerca del divorcio y lo hacen para no pagar la pensión de los hijos ni tener que compartir sus bienes.

—Estoy completamente segura, licenciado, y le agradeceré que no insista más. Sus honorarios le serán pagados hasta donde llegó el trámite. Muchas gracias.

Raquel colgó el teléfono porque alguien deshacía el timbre de tanto tocarlo. Abrió apresuradamente la puerta.

—Para que no toques más, aquí está tu nuevo juego de llaves.

—Gracias, Raquel, gracias, mi amor.

Nada de entrevistas

Llegó noviembre y, con él, unos fríos que hacía mucho no se sentían. Había crecido tanto el número de consultas de María Iluminada que Rosario tuvo que pedirle a Efrén que comprara otra mesa para las clases de tejido y bordado de sus clientes. La original siempre estaba llena de encargados de su hija. Hasta una cafetera con vasos desechables instaló Rosario para que no se congelaran los que esperaban.

Llegó a tal punto la popularidad de las consultas que un martes al medio día se presentó una camioneta con el logotipo de una televisora en los costados. Se bajó un hombre con una cámara, un ayudante y una señorita muy bien presentada con traje sastre, que era la reportera. Rosario alcanzó a verlos cuando bajaban el montón de cables y corrió a avisarle a Efrén. Desafortunadamente, su esposo no estaba en la cremería pero la angustiada madre le dio a Jaimito las instrucciones pertinentes.

—Señora, venimos de Televisión Encuentro para mostrar al mundo la increíble labor de su hija. ¿Nos permite entrevistarla? –gritaba el ayudante entregándole a Rosario una tarjeta.

Los encargados que esperaban su turno se espantaron y se levantaron de sus sillas para colocarse todos afuera del local.

—No, señor, gracias, pero no. Háganme el favor de retirarse. –les gritó Rosario de vuelta poniéndose en la entrada del local para no dejarlos pasar.

Al oír el alboroto María Iluminada, que estaba con una señora mayor en consulta, asomó su cara por la ventanita de la bodega. Rosario la miró y le gritó:

—¡No vayas a salir, hija!

—Señora, por qué esconder a su hija. Es algo muy bueno lo que ella hace, parece ser una niña que hace milagros.

—¡Usted no sabe ni qué es un milagro ni tiene idea de la misión de mi hija! Ya les dije que se vayan, ¡fuera, fuera! ¡Todo lo desvirtúan, todo lo usan para atrapar a la gente y tener más audiencia en sus canales, pero con mi hija no lo van a hacer, fuera!

—Señora, no sea agresiva, es publicidad para su hija, así la conocerá más gente –dijo la elegante reportera.

Ante la negativa de retirarse, Rosario llamó a uno de los encargados que observaban todo desde la banqueta y le dijo algo al oído. Éste llamó a otros dos y se metieron corriendo a la cremería. En unos instantes estaban los tres, junto con Jaimito, armados con grandes cubetas llenas de agua y una manguera.

—Si no se van en este momento les vamos a dejar su micrófono y su camarita para el recuerdo. ¡Hasta chispas les van a salir! –gritaba Jaimito junto con todos los encargados presentes.

—¡Fuera, fuera, fuera, fuera!

Más pronto que rápido se subió la reportera a la camioneta, tras ella el camarógrafo y por último el ayudante que hacía las veces de interlocutor. La camioneta se encendió y salió como alma que lleva el diablo. Rosario empezó a temblar y se sintió desvanecer.

—¿Qué le pasa, doñita? –preguntó Jaimito asustado.

—Ay, no sé, creo que fue la impresión y el enojo que tuve que sacar para correr a estos desgraciados. No estoy acostumbrada a enojarme, Jaimito.

En ese momento salió sonriendo María Iluminada para tranquilizar a su madre. Los encargados hacían bolita alrededor de la niña mientras la agitada madre se iba calmando abrazada a la cintura de su hija.

≫≪

—¡Necesitas sentirlo, sentirlo de veras, Fabián! A ver, vamos a repetir las líneas una vez más –le recalcaba apasionadamente Arturo a uno de sus alumnos.

Cuando empezó a sentirse vivo y en calma, a vivir en el presente, decidió usar algunos ahorros en acondicionar parte del garaje de su casa como un estudio y una pequeña oficina con entrada propia que le sirvieran para dar clases de actuación a jóvenes aspirantes. Ahora podía hacer algo relacionado con lo que tanto le gustaba, pero sin ser transportado al pasado y sin que esto fuera causa de sufrimiento para él. Al contrario, lo mantenía entretenido y hasta le ayudaba económicamente.

—Rita, ¿te aprendiste tus líneas?

—Sí, señor del Solar.

—A ver, hija, pasa al frente, colócate delante de la pared de espejos y empecemos la escena. En esta ocasión yo voy a ser tu marido.

Los seis jóvenes que presenciaban la clase echaron a reír.

—"Así que era la primera vez que lo veías" –era la primera línea de la escena.

Apenas terminó Arturo de pronunciar las palabras cuando se llevó las manos al pecho y de su garganta salió una mezcla de grito y quejido seco. Los asombrados alumnos, primero se confundieron pensando que eso era parte de la actuación, aunque no concordara con el guion, pero Rita, la joven que interactuaba con él, alcanzó a aliviar la caída estrepitosa de Arturo sobre la duela del estudio.

—Rápido, ¡llámenle a su esposa, llamen a una ambulancia, el maestro está muy mal!

✦

Rosario recogía los platos de la comida mientras Chayito los iba lavando. En la mesa disfrutaban de su postre, duraznos en almíbar con crema, Efrén, Efrén chico y María Iluminada. Cuando la niña terminó de llevarse la última cucharada a la boca, Rosario se acercó a ella y la tocó cariñosamente el hombro mientras recogía su plato. En ese instante sintió una especie de corriente eléctrica, proveniente del hombro de su hija, la recorrió toda y, sin llegar a lastimarla, sí la dejó muy asustada. Miró a su hija ponerse las manos sobre las sienes como si le doliera la cabeza y en ese momento el plato que estaba a punto de recoger explotó en miles de pedacitos regándose por todo el comedor y la cocina. Los dos Efrenes asustados se echaron un momento hacia atrás para después averiguar qué les había pasado a María Iluminada y a Rosario.

—Nada, no es nada, estoy bien –contestó Rosario mientras todos dirigían su atención a la niña.

—No se preocupen, a nosotros no nos ha pasado nada –dijo María Iluminada antes de que le preguntaran–. ¡Mamá, por favor, apresúrate! Llama a la línea de información y consigue el teléfono del sindicato de actores.

—¿Por qué, para qué?

Rosario sintió la penetrante mirada de su hija, esa mirada especial que la niña le dirigía cuando hablaba de algo que era sólo entre ellas, y que Rosario sabía que era muy importante y tenía que ver con su vocación.

—Ya voy, espérame.

La familia lanzó una batería de preguntas a María Iluminada y cuando terminaron, les contestó:

—Me siento bien, no pasa nada. Es alguien con quien tengo que hablar. Déjenme recoger este tiradero que se hizo con el plato.

Todos entendieron que no les contestaría nada más. Siguieron con lo que estaban haciendo mientras María Iluminada barría minuciosamente y Rosario hacía sus pesquisas al teléfono. Ya solas en la cocina, Rosario le entregó el papel con el número de teléfono anotado.

—Por favor, mamá, llama tú, te tomaran más en serio que a mí. Diles que necesitas urgente la dirección del actor retirado Arturo del Solar, nombre real, Arturo Solórzano.

Así lo hizo Rosario, a quien le fue soltado un discurso acerca de la privacidad de esa información. Rosario suplicó, pero lo mismo le fue contestado, y mientras escuchaba por el audífono miraba a María Iluminada negando con la cabeza. La niña le quitó suavemente la bocina a su madre y dijo:

—Esto es una emergencia para salvar a un alma, hágame el favor de darme la dirección.

María Iluminada anotó en la libreta que Rosario tenía en la mesita del teléfono.

—Gracias, señorita. Dios la bendiga. Aquí está la dirección, mamá. Por favor, llévame.

—¿Ahorita?

—Sí, mami, por favor, tenemos que irnos.

Rosario corrió por su bolsa y su suéter y, sin contestar a las preguntas de Efrén, las dos salieron de la casa. Minutos después, el taxi las estaba dejando a la puerta de una casa grande con la pintura gastada; arriba de la entrada de la cochera había un llamativo letrero de acrílico que decía: "Academia de actuación de Arturo del Solar". Una mujer mayor abrió la puerta.

—¿Disculpe, es esta la casa del señor Arturo Solórzano? –preguntó Rosario visiblemente agitada.

—Sí, señora.

Entonces preguntó María Iluminada:

—¿Nos puede decir a dónde lo han llevado?

—¿Quiénes son ustedes? ¿Cómo saben que se lo han llevado? –preguntó la madre de Alondra, la mujer de Arturo.

—Somos muy amigas de Arturo. Por favor, es urgente, dígame, ¿a dónde lo han llevado?

Fue tal el énfasis que la niña imprimió en sus palabras que la mujer les dio el nombre del hospital. María Iluminada tomó a Rosario de la mano y le pidió que la llevara a la mercería. Así lo hicieron. Y, en cuanto la desconcertada madre abrió la cortina del local, la niña entró en su bodega donde permaneció hasta que llegó la hora de cerrar. Le dijo a su madre que si llegaban encargados a verla les dijera que estaba indispuesta, que, por favor, volvieran en dos días.

—Mi niña, ya son las ocho, ya vamos a cerrar. ¿Te interrumpo?

—Sí, mamá. Perdona, pero me tengo que quedar aquí, quizás toda la noche.

—Pero, hija, ¿qué pasa? ¿Te puedo ayudar en algo?

—Sí, mamá, tráeme una cobija y una almohada, algo para cenar y una copia de la llave del local. Cuando me los dejes, cierras la cortina de nuevo y mañana nos veremos cuando abras la mercería. Me ayudarías mucho si me pudieras traer estas cosas.

—María Iluminada, esto es muy raro, tú sabes que yo te apoyo, pero necesito saber qué pasa.

—No puedo perder tiempo ni energía en explicarte ahora, mamá; por favor, ayúdame, haz cómo te digo e invéntale lo que tú quieras a mi papá y a los muchachos.

Rosario hizo lo que su hija le había pedido. Le dijo a Efrén que había dejado a la niña a dormir en casa de su hermana. Cuando Efrén estaba embobado con la televisión, ella salió rumbo al local con lo que le había pedido María Iluminada. Abrió la cortina, le entregó las cosas y le dio un beso en la frente. La niña la abrazó con fuerza.

—Gracias, mamá, tu ayuda está cambiando el destino de dos almas.

>€

María Iluminada comió el sándwich y la leche que su madre le había llevado, acomodó la cobija sobre las sillas de la mesa de bordado y entró a su bodeguita. Recorrió la mesa y encima puso las dos sillas de plástico. Colocó la almohada en el suelo y, quitándose los zapatos, se sentó encima en posición de flor de loto. La niña cerró los ojos y permaneció meditando hasta que entró en una especie de trance.

Un padre, un hijo

Desde arriba el océano parecía interminable. El tiempo no era bueno y las corrientes levantaban olas gigantescas que chocaban entre sí. La vista era impresionante y aterradora a la vez, pero él estaba acostumbrado a ésa y a inclemencias climáticas mucho más fuertes. Se cansó de volar y decidió parar en un risco conociendo el riesgo de que una gran ola reventara de repente en las piedras y se lo llevara a las profundidades del mar.

Emprendió el vuelo de nuevo y el cielo se tornó tan oscuro que lo único que lo guiaba era un tenue rayo de luz de luna que lograba atravesar las negras nubes que lo cubrían todo. Empezó a cansarse y no veía donde parar, tampoco oía el graznido de alguna compañera que le indicara dónde había un lugar seguro. Empezó a sentir pánico, cansancio extremo, el agua, las olas chocando, obscuridad, más pánico, cansancio de muerte, el estruendo del mar, la obscuridad. Se dio cuenta, lleno de espanto, de que había llegado el momento de dejarse ir y así lo hizo. Cerró los ojos y dejo de aletear. Sintió cómo era jalado a una velocidad vertiginosa por una fuerza indescriptible hasta que su cuerpo fue depositado suavemente en la arena. Abrió los ojos y vio la cara de María Iluminada en el cuerpo de una gaviota majestuosa. Él se miró a sí mismo y vio un cuerpo de gaviota herida y maltrecha. Los tenues rayos de un sol naciente iluminaban la cara de la niña que le decía: "Federico, no sé dónde estás, necesito verte".

—¡Federico, Federico…, despierta, mi amor!

—Qué, qué. ¿Qué pasa? –balbuceó Federico cuando Raquel asustada lo despertó–. ¿Qué pasa, Raquel?

—No sé, mi vida, has estado inquieto desde hace una hora, después empezaste a hablar, a moverte mucho, ¡y después gritaste como espantado! Mira, estás sudando a chorros. ¿Tenías una pesadilla?

Federico recordó la última parte del sueño y se le erizaron los bellos de todo el cuerpo. Respiró hondo para calmarse. Se levantó rápidamente de la cama, se vistió y, sin más, le dijo a su esposa:

—Tengo que salir, es urgente.

—A dónde, son las tres de la mañana. ¿A dónde vas, Federico?

—Luego te explico, mi cielo, no te preocupes.

Federico encendió su auto y manejó a gran velocidad hacia la colonia donde estaba la mercería. Se paró frente a la cortina del local y sintió frío, mucho frío. De repente pensó: "Esto es una locura, pero qué estoy haciendo aquí". Sacudió la cabeza y parecía que una fuerza incontrolable le alzaba el brazo y lo empujaba para que tocara con fuerza en la cortina del local. Una, dos, tres veces. "Esto es una locura". De repente, se abrió la pequeña puerta de la cortina y Federico se encontró frente a María Iluminada recién despertando. Ella se había quedado dormida sobre las sillas alineadas de la mesa de bordado y estaba envuelta en la cobija que Rosario le había llevado.

—Qué bueno que al fin estás aquí, pasa, Federico.

Federico obedeció y cuando estaba por empezar con una larga lista de preguntas, la niña lo interrumpió entregándole un papel con algo escrito.

—Toma, llévame a esta dirección, por favor, pero tiene que ser ahora.

Federico volvió a pensar: "Esto es una locura", pero no pudo negarse a lo que le pedía esta niña a quien le debía tanto.

Recorrieron varias colonias, preguntaron por aquí y por allá hasta llegar a la dirección indicada. María Iluminada abrió la puerta del carro y bajó.

—Ven, vamos.

—¿A una clínica? ¿Qué vamos a hacer?

—Vamos, Federico, no hay mucho tiempo.

Otra vez la misma inexplicable fuerza lo hacía levantarse del asiento y mover las piernas atrás de la niña. "Clínica Santa Elena" decía el letrero. El policía de la entrada estaba dormido y no los vio pasar. La recepcionista nocturna había ido al baño y ni se enteró. María Iluminada subió con rapidez las escaleras hasta el segundo piso, donde la enfermera de turno estaba dormitando en el escritorio. Atravesaron a toda velocidad el corredor hasta llegar al cuarto 1208. Federico, jadeando por la carrera, finalmente preguntó:

—¿A quién vamos a ver? ¿Por qué ahorita?

María Iluminada no le contestó, abrió con suavidad la puerta y se acercó a la cabecera de la cama. Permaneció callada observado la demacrada faz del hombre enfermo. Federico, en silencio, miraba desde el pie de la cama. Pasaban los minutos, media hora, una hora. Federico jaló una silla para sentarse e intentó volver a preguntar algo, pero la niña le indicó que callara llevándose el dedo a los pequeños labios cerrados.

En ese instante, el hombre abrió los ojos y se encontró directamente con los dos cielos oscuros y brillantes que era la mirada de María Iluminada. Él dijo su nombre con la voz muy apagada.

—María Iluminada…

—Arturo –le dijo tomándolo de una mano.

—Me ha dado un infarto cuando dirigía mi clase.

—No me expliques, Arturo, guarda la energía que te queda para él.

La mirada de Arturo se dirigió hacia Federico que ahora estaba de pie, a mitad de la cama, junto a María Iluminada.

—Arturo, te he traído a tu hijo.

Arturo, desconcertado, se quitó la mascarilla de oxígeno y trató de incorporarse un poco sin dejar de mirar a los ojos a aquel joven desconocido quien lo veía también con nerviosismo y asombro.

—¿Mi hijo? –preguntó Arturo.

—¿Él es mi padre, mi verdadero padre? –dijo Federico.

—Sí. Escuchen, no habrá otro momento para ustedes, es ahora cuando podrán decirse lo que han guardado por toda una vida en su corazón. Ésta es la única oportunidad que tendrán.

Y diciendo esto, María Iluminada salió del cuarto en silencio. Bajó las escaleras y despertando al policía, le dijo que estaba perdida, le pidió que buscara la forma de llevarla a su casa y le dio un papel hecho bolita con la dirección.

Arturo habló tranquila y trabajosamente, como su condición se lo permitía. Le contó a su hijo detalle a detalle desde que conoció a su madre, hasta cuándo, cómo y por qué decidió dejarlos. No escondió nada. Reconoció su vileza, su irresponsabilidad sin excusas. Le narró los éxitos y fracasos, las alegrías y sufrimientos de su vida. De cómo años más tarde, cuando ya era actor y tenía recursos económicos, intentó localizarlos, pero a los únicos que conocía era a unos tíos de la mamá de Federico y ya habían cambiado de dirección. De cuando fue al trabajo de ella a preguntar, pero ya lo había dejado y nadie supo decirle a dónde se había ido. Y cómo el recuerdo de aquel niño abandonado lo persiguió torturándolo siempre. Llorando, le pidió perdón.

Federico, que notó el impresionante parecido físico que tenía con aquel hombre, contestó:

—No soy nadie para juzgarte por lo pasado. Me hubiera gustado crecer a tu lado, pero los caminos que ambos teníamos que recorrer eran diferentes. Con nuestros errores plantamos la semilla de nuestro castigo, te lo digo por mi propia vida.

Federico lo tomó de la mano y le contó de sus logros y sus estrepitosas caídas. Le contó de cuánto preguntó por él, de las confusas respuestas de su madre, de su padrastro, de lo bueno y de lo malo y, finalmente, también le habló con orgullo de su esposa y sus dos hijos. Le acarició el pelo cano y le dijo que no guardaba ningún rencor. Que seguramente, en su situación, muchos hubieran hecho lo mismo. Que lo importante era el presente y que estaba muy feliz de por fin haberlo conocido.

Arturo besó la mano de Federico con lágrimas en los ojos.

—¡Cuánto te pareces a mí! –y queriendo bromear un poco continuó– así de guapo era tu padre cuando actuaba en las películas.

Federico contestó a manera de broma también.

—Vi muchas películas tuyas. Si hubiera sabido que ése era mi padre, ¡cómo me hubiera parado el cuello con los compañeros!

Los dos esbozaron una sonrisa. Federico se reclinó para abrazarlo y en ese justo momento sintió cómo el cuerpo de Arturo se sacudía y éste trataba de llevarse las manos al pecho. Federico apretaba con insistencia el botón rojo de alarma mientras abrazaba fuerte a su padre. Arturo dejó salir de su boca un sonido gutural, un lastimoso quejido que pareció llevar un "te quiero" adentro. En unos segundos, ya estaban en el cuarto el doctor de guardia y una enfermera.

—¡Permítanos, por favor!

Sacaron a Federico del cuarto e inmediatamente entraron dos técnicos con un aparato. Federico esperó y esperó.

Después de unos 20 minutos, salieron los técnicos, la enfermera y el doctor.

—Su papá, era su papá, ¿verdad?

—Sí, era mi padre.

—No pudimos sacarlo del paro, fue más fuerte que el de ayer. Lo siento mucho, de veras –le dijo el doctor.

Federico acababa de darle a Arturo, con sus palabras y su abrazo, la paz que tanto necesitaba para vivir con plenitud en cualquier plano de la existencia donde estuviera de ese instante en adelante.

Ensayando el reencuentro

—Yola, ¡córrele, apúrate, ven aquí a la ventana!

Yolanda, que ya caminaba casi con normalidad, aventó la olla que estaba lavando y llegó lo más rápido que pudo a la ventana de la sala que daba justo a la calle.

—¿Qué sucede, Beatriz? Hasta me asustas.

—¡Asómate, asómate rápido, Yola! Míralo, ese muchacho que viene por ahí es el hijo mayor de Eduardo, dime si no es muy guapo.

—Ay no, ay no. ¡Ay, Dios mío!

—Qué, ¿qué te pasa?

—¡Es que lo veo y no lo creo, estoy viendo a mi hermano cuando joven, cuando se marchó de aquí! Quítate, Betty, déjame verlo bien.

—Hermana, parece que va a la papelería. ¿Y si salimos y le hablamos con cualquier pretexto?

—¡Estás loca, Beatriz! Bueno, apurémonos, a ver qué inventamos.

Sin acordarse del suéter, sin el cual nunca salían, las dos mujeres se apresuraron rumbo a la papelería de la esquina. Se pararon afuera cuchicheando mientras esperaban a que el joven saliera. Cuando pasó junto a ellas, Beatriz dejó caer su monedero. Las monedas y los billetes se esparcieron por toda la banqueta a los pies del muchacho.

—¡Ay, pero qué barbaridad, Yola, ya no puedo ni agarrar bien las cosas!

Portándose como todo un caballero, el joven se agachó a recoger moneda por moneda y lo mismo hicieron las dos mujeres.

—No se agache, señora, no se vaya a lastimar usted, yo levanto todo.

En cuclillas, recogiendo las monedas, la cara de Yolanda quedó muy cerca de la de su sobrino. Ella lo miraba extasiada sin que él se percatara. Al terminar de recogerlas, las metió todas en el monedero y se lo entregó a Beatriz con suavidad.

—Qué amable, joven. Es usted un ángel. ¡Muchas gracias, de verdad!

—De nada. Buenas tardes, señoras.

Y el joven se alejó caminando despreocupado.

—¡Ay no, ay no, ay no!

—Ahí vas de nuevo, ¿ahora qué, Yolanda?

—¿Qué, no lo viste de cerca, Beatriz? Son los ojos de Eduardo, la barbilla de Eduardo, la sonrisa de Eduardo. ¡Es mi hermano vuelto a nacer!

—Si ya te lo había dicho muchas veces. ¿Verdad que se sintió bonito conocerlo?

Yolanda reconoció abiertamente cuán equivocada había estado al negarse a conocer a la familia de su hermano.

—Cuánto tiempo perdido, Beatriz. Qué tonta fui, qué ciega estaba.

—Deja ya de lamentarte, eso ya lo hablamos. Lo importante ahora es buscarlos, hermana. A los dos muchachos y a su madre.

—¿Tú sabes dónde viven?

—Claro, te dije que yo nunca les perdí la pista. Lo único que nunca hice, por tonta y por miedo a mi madre y a ti también, fue presentarme con ellos.

Las dos emocionadas hermanas continuaron hablando en casa. Analizaron el asunto. Dieron ideas sobre cómo realizar el encuentro. Qué dirían, cómo se presentarían, cómo se disculparían. Cuando el plan estuvo elaborado y ensayado, siguieron con sus labores esperando con ansiedad a que llegara el día.

✀

Andrés tenía media hora peleando con la pequeña puerta de madera laqueada en color nogal y con un coqueto diseño en el lavabo del baño de su madre.

"No, me hace falta un atornillador de cruz, pero que sea más chico", decía para sí mismo el atlético muchacho mientras removía las herramientas de la caja metálica que había sido de su padre.

—Ya no pierdas tu tiempo en esa puerta, hijo, Gertrudis ya mandó llamar al carpintero –le gritó Araceli desde su sillón, donde minutos antes Andrés la había ayudado a sentarse para tomar su desayuno. Él mismo se lo había subido en una hermosa charola después de que la había ayudado a ir al baño a lavarse la cara, las manos, los dientes, y de que la había peinado, perfumado y puesto la bata.

—Bueno, mami, tendré que darme por vencido porque no tengo la herramienta necesaria, aunque no me gusta que tu baño tenga desperfectos. Al rato que me vaya, paso a decirle de nuevo a don Mateo que venga a arreglarla.

Araceli le agradeció con la más tierna de las miradas mientras comía lentamente pedacitos de fruta con miel. Andrés tenía mes y medio asistiendo a cuidar a su madre todos los días por la tarde, mientras que Ara lo hacía por las mañanas. Pero hoy era sábado y había cambiado el turno con su hermana. Pasaban momentos muy íntimos recordando la niñez y adolescencia de Andrés, veían fotos, escuchaban discos. A Andrés le gustaba leerle, pero después de un rato su madre siempre se quedaba dormida.

El cambio en la actitud de Ara primero, y después de Andrés había sido sorprendente. Lo que antes fue una negativa rotunda a estar con ella ahora se había convertido en una continua presencia llena de cuidados, paciencia y la necesidad de hacerla sentirse muy amada.

—Hijo, ¿para cuándo está la cita con el doctor?

Andrés revisó los papeles, que estaban sobre un pequeño escritorio de madera que Araceli había colocado en su recámara al principio de su enfermedad para poder llevar las cuentas de la casa sin tener que bajar al estudio.

—El próximo miércoles, mami. Será la última cita del año, ya ves que en dos semanas es Navidad.

Andrés se sentó sobre la cama y acariciando el brazo de su madre le preguntó:

—Qué se te antoja cenar para ese día, mami, para írselo trayendo a Gertrudis y que nos lo deje bien preparado antes de que se nos vaya a su pueblo.

—Ay, hijo, escojan ustedes. A mí me da lo mismo, casi no tengo hambre. Le hago la lucha porque sé que el alimento es vida, pero créeme, no tengo nada de apetito.

Andrés sonrió con ternura y bajó la mirada para que su madre no pudiera notar su tristeza.

—Te sientes muy mal, ¿verdad, mami?

—Sí, hijo, cada día peor. Pero sólo físicamente porque aquí adentro en mi corazón estoy muy contenta de que tú y tu hermana hayan aceptado mi enfermedad y estén conmigo.

—Fuimos muy tontos, mamá, te abandonamos mucho tiempo por el miedo a verte sufrir, a perderte. Perdónanos.

Andrés abrazó a su madre con los ojos humedecidos y ella correspondiendo a su abrazo le contestó:

—De eso ni me acuerdo, hijo, eran muy jóvenes para entender lo que pasaba.

Andrés le sonrió a su madre como agradeciendo su comprensión.

—Y tú, mamá, ¿tú sí entiendes qué sentido tiene la vida, le enfermedad, el sufrimiento?

—No bien, hijo, no he querido pensar en ello. Yo me he enfocado en echarle muchas ganas a luchar por mi vida.

—Mami, ¿tienes miedo de morir?

—Yo creo que sí, hijo, porque no me gusta pensar ni hablar de ello aunque sé que no debe estar muy lejos ese momento para mí.

Andrés y su madre siguieron conversando un largo rato, cada vez más abierta y profundamente, hasta que ella pidió que la recostase en su cama y se quedó dormida. Andrés salió del cuarto y lloró en silencio en su recámara de niño. De pronto, le vino a la mente la imagen de María Iluminada cuando Ara la llevó a conocerla. Recordó una vez más todo lo que la niña le dijo. Se acordó de su profunda mirada y la paz que el tono de su voz y sus palabras le dieron. La relacionó inmediatamente con su madre. Eso era, Araceli debía escuchar a la niña antes de empezar su viaje.

⋙⋘

—A ver, Yola, ¡vamos a ensayarlo una vez más!

—Ay, Beatriz ya nos lo sabemos al derecho y al revés, además, cómo vas a saber que nos van a contestar. A lo mejor ni de la puerta nos dejan pasar.

—Lo que pasa es que tú ya te estás acobardando, Yola. Si tú no quieres ir yo me presentaré solita.

—No es eso, es que, piensa, llegamos así nada más. Los muchachos nunca nos han visto y lo más probable es que jamás les hayan hablado de nosotras. Y Linda..., bueno, la mujer de Eduardo, sólo nos vio dos veces y no fue precisamente bien recibida en esta casa. Mi mamá y yo nos portamos como energúmenos con ella. Que conste que no te incluí.

—Mal harías en incluirme. Aquellas veces que Eduardo la trajo para que la conociéramos yo quería saludarla, conocerla, y a él, abrazarlo. Hacía tantos meses que no lo veíamos. Y ustedes la humillaron mucho.

—Ya, ya, Beatriz, no empecemos a culparnos de nuevo. Quedamos de acabar con ese tonto resentimiento hacia nuestro hermano, su familia, nuestra madre. Pero también quedamos en saber perdonar nuestros propios errores.

—Tienes razón, Yola. Discúlpame. Mira, se me ocurre una idea. Si no nos atrevemos a presentarnos así nada más con ellos será por alguna razón importante, Dios siempre hace las cosas por algo. Qué te parece si vamos a ver a María Iluminada y le consultamos cómo hacerle, a lo mejor y hasta ella nos puede acompañar. No creo que haya quien se niegue a escuchar a esa mágica niña.

—Es una buena idea, Betty. Tal vez si la conocen, si es ella lo primero que ven cuando abran la puerta y la escuchan presentándonos, abogando por nosotros, todo sea más fácil para ellos y menos vergonzoso para nosotras.

Las dos hermanas se pusieron de acuerdo en el día y la hora en que irían a pedirle ayuda a María Iluminada. Se sintieron mucho más tranquilas, cenaron y prendieron la televisión para ver el capítulo final de su telenovela.

❧

El viernes de esa semana, a la hora de abrir la mercería, ya estaban afuera Beatriz y Yolanda esperando a María Iluminada.

—Pasen, pasen, señoras.

—Buenos días, muchas gracias. Venimos a ver a María Iluminada.

—Claro, tomen asiento, por favor, ahorita viene.

Dijo amablemente Rosario mientras salía de la mercería y entraba después a la cremería para llamar a su hija que ahora tenía muy buen apetito y, a pesar de haber desayunado media hora antes, ya estaba comiéndose unos rollos de jamón en el mostrador del negocio de su padre. A los dos minutos, la niña platicaba con las hermanas en su cuartito de consultas. Yolanda y Beatriz le plantearon toda la cuestión.

—Primero que nada, quiero felicitarlas. Estoy muy contenta con la forma en que están manejando sus vidas, sus emociones. Y lo que quieren hacer es muy hermoso. No tengan miedo a ser rechazadas, no va a ser así.

—Pero, María Iluminada, es que si tú nos acompañas todo será más fácil, menos engorroso para todos.

—No me cuesta nada acompañarlas, pero créanme, no hace falta. Sólo hagan lo que les digo. Exactamente como yo les digo.

Así, paso por paso, María Iluminada les dijo cómo y cuándo debían presentarse en casa de la familia de su hermano. Ellas la cuestionaron sobre qué debían decir, incluso le recitaron lo que habían ensayado como 100 veces.

—No hace falta que planeen nada. Ni que ensayen. Olviden eso. En el momento preciso sus corazones les indicarán lo que deben decir. Acuérdense que de la boca sale lo que del corazón procede.

La plática continuó varios minutos más. Yolanda no quedó muy convencida, pero ante el respeto y la confianza que le tenía a la niña, decidió callarse y seguir al pie de la letra las instrucciones que les fueron dadas. Beatriz salió del local completamente tranquila. Si María Iluminada se los había dicho, todo estaría bien.

—¿Bueno?

—Hola, hermano, oye mi mamá está encantada con la colcha que le compraste para su cama, qué buen gusto.

—Me tardé horas en escogerla. Yo no sé mucho de esas cosas, pero parece que le atiné. Busco la manera de que se anime un poco.

—Para eso te hablaba, Andrés, esto no podemos platicarlo en la casa. Creo que deberíamos de llevar a mi mamá con María Iluminada.

—¡No puede ser!

—¿Qué?

—Ayer platiqué, como todos los días, con mi mamá, pero ahora me atreví a hacerle preguntas sobre su enfermedad y la muerte. La noté confundida y lo primero que pensé fue que le podría traer mucha paz hablar con la niña.

—Estamos en la misma sintonía, hermano. Además, la última vez que la vimos me pidió muy enfáticamente que volviéramos en dos meses, que anotara la fecha. Y la próxima semana se cumplen dos meses de que fuimos. ¿Qué coincidencia, no?

—Con María Iluminada ya no sabes si son coincidencias o qué. El caso es que hay que llevar a mi mamá para que platique con ella.

Los dos hermanos se pusieron de acuerdo acerca de la hora en que llevarían a Araceli a conocer a María Iluminada y se despidieron cariñosamente. Ambos se quedaron con la sensación de que estaban haciendo algo importante por su madre.

El espíritu navideño inundaba todo el barrio donde se encontraba la mercería de Rosario. Las fachadas de las casas llenas de luces, los relucientes nacimientos con decenas de figuritas en los jardines, la algarabía de las familias celebrando su posada.

—Mamá, ayúdame a poner una tabla en la entrada de la mercería.

—Una tabla, ¿para qué?

—Es que hoy tendré una encargada especial que vendrá en su silla de ruedas. Así no podrá pasar –señalaba María Iluminada los dos escalones que separaban el local de la banqueta.

—No, pues tienes razón. Mira, mi niña, vamos a la bodega grande, donde estaba el bebedero de las vacas. Yo creo que ahí tu papá debe tener madera.

En unos minutos ya venían madre e hija cargando un tablón de madera que colocaron como rampa en la entrada de la mercería. Ese día la niña tuvo muchos encargados.

Ya era casi la hora de cerrar y todavía no llegaba la persona especial para la que habían puesto la rampa.

—Hija, yo creo que vamos quitando la tabla ésa, no vino tu encargada de la silla de ruedas.

—¡No, mamá, no podemos quitarla, ella va a llegar!

—Hija, pero si ya voy a bajar la cortina.

Y como lo anunció María Iluminada, a la par que Rosario jalaba la cadena para empezar a bajar la cortina, se iba estacionando un automóvil blanco. El que manejaba era Andrés y los pasajeros, su hermana Ara y su madre, Araceli. Sobre el tablón de madera pudo Andrés rodar la silla de su madre hasta el cuartito de la niña. Los muchachos preguntaron si debían quedarse con ella.

—No es necesario. Déjenme hablar con Araceli a solas.

Entonces Andrés sacó una de las sillas del cuarto para poder meter la silla de ruedas. María Iluminada cerró la puerta y dejó abierta la ventanita con su cortina corrida. Como siempre, la luz estaba encendida y la jarra con dos vasos para tomar agua.

—Me da gusto conocerte, María Iluminada, mis hijos te tienen mucho cariño. No sé qué hiciste para cambiarles la actitud hacia mi enfermedad, pero ¡cómo te lo agradezco!

—El gusto es mío, Araceli. Así de bonita te imaginaba.

—¿Bonita? Ay, no, mija, eso habrá sido en otro tiempo cuando fui joven y no estaba enferma.

—No me refiero por fuera, Araceli, sino por dentro.

—Qué gran piropo el tuyo, pero no creo que sea cierto. Hay muchas cosas que no sabes de mí.

—¿Qué crees que sé de ti?

—Que he sido una buena madre, que fui una buena esposa, quizás que he sido una enferma valiente. Algo así. Pero ni de chiste creo que te puedas imaginar los errores tan grandes que cometí antes de enamorarme de mi difunto marido.

—¿Podrías prometerme una cosa, Araceli?

—Lo que quieras, estoy muy agradecida contigo por lo que has hecho por mis hijos.

—Si te digo que sí conozco lo que fue tu vida antes de casarte con el padre de tus hijos y te doy una prueba, y que a pesar de conocerla me sigues pareciendo un ser humano muy hermoso, ¿me prometes creer con fe todo lo que yo te diga después, sin esperar a que tengas que comprobarlo?

María Iluminada le servía un vaso con agua a la intrigada mujer mientras hablaba.

—Bueno.

Y María Iluminada sólo dijo:

—*L'endroit rouge.*

Araceli se puso mucho más pálida de lo que comúnmente se notaba su semblante enfermo. Sus ojos se salían de las cuencas de asombro y el corazón empezó a latirle muy rápido.

—No es pos…, ¿cómo sabes?, ¿qué más sabes? —preguntó Araceli con tal vehemencia que casi la hizo levantarse de su silla de ruedas. Su tono mezclaba miedo con asombro y enojo.

—Tranquilízate, Araceli, ni tu inquietud ni tus cuestionamientos tienen sentido alguno. Sólo dije esas palabras para que me creas que a pesar de cuántos errores tú pienses que cometiste en la vida, eres, en realidad, un ser humano muy hermoso.

Al escuchar la hipnótica voz de la niña y sus fehacientes palabras, Araceli no pudo seguir preguntando ni preguntándose más acerca de cualquier hecho de su pasado. Su mente se quedó en blanco. No pensó más, sintió calma y confianza en la extraña criatura que tenía enfrente.

—Y como lo prometiste, Araceli, ahora te toca cumplir. ¿Podemos platicar de lo que realmente te trajo aquí?

—Sí

—Araceli, ¿te has preguntado alguna vez por qué estás enferma?

—Cuando recién me detectaron el cáncer, la primera vez, sí, muchas veces.

—¿Y encontraste alguna respuesta?

—No, y después dejé de preguntarme porque creo que me fui acostumbrando a estar enferma.

—Araceli, ¿has pensado en tu muerte?

—Antes no. De un año para acá, sí, muy seguido.

—¿Tienes miedo?

—Me digo a mí misma que no, me lo repito muchas veces. Pero muy adentro de mí, sí, sí tengo miedo.

María Iluminada tomó las manos de Araceli entre las suyas, como acostumbraba hacer con sus encargados, y mirándola directamente a los ojos le dijo:

—Araceli, la respuesta a por qué estás enferma no tiene importancia. Sería una larga letanía de suposiciones médicas o una interminable serie de recriminaciones a Dios o a la vida. La pregunta cuya respuesta te debe importar es: ¿para qué estás enferma? Estás enferma, Araceli, para que puedas quitarte la ceguera con que muchos viven la mayor parte de sus vidas, sufriendo por posesiones materiales, personas o circunstancias que no tienen relevancia alguna. Estás enferma para aprender a darle valor a lo que y a quien de verdad lo tiene. Estás enferma para ayudarte a despertar tu espiritualidad y el conocimiento real de ti misma y de esa unión divina que tienes con tu creador. Estás enferma para que aprendas a cambiar tus prioridades y amarte a ti misma primero que a los demás. Estás enferma para que aprendas que los seres humanos no tenemos el control de todo, que la libertad para hacer nuestros caprichos es limitada, que nuestro libre albedrío está supeditado a un plan de enseñanza divina. Estás enferma, en su más amplio sentido, para que habiéndote convertido en otro ser, te adentres con amor y con absoluta renuncia en el camino que tarde o temprano te llevará a desprenderte de ese cuerpo físico que te aprisiona y así superar esta etapa de vida terrena y seguir tu camino hacia nuevas y más elevadas formas de existir.

Araceli sacó sus manos de entre las de María Iluminada y ahora era ella quien apretaba las manos de la niña con firmeza. María Iluminada no quitaba un segundo su penetrante y tierna mirada de los ojos de su nueva encargada.

Entonces Araceli le pidió:

—Ayúdame a no tener miedo de dejar de existir. De dejar solos a mis hijos.

María Iluminada sacó una mano de entre las de la atribulada mujer y empezó a acariciarle el pelo.

—Tu miedo no tiene razón de ser, Araceli, porque ni tú, ni yo, ni ningún ser humano deja de existir definitivamente. Somos eternos. Lo que pasa cuando nuestro cuerpo físico está ya muy gastado por una enfermedad, por el tiempo mismo, o se tiene un gran daño repentino, como un accidente, es que deja de funcionar y nuestra alma, espíritu o esencia salen de él para elevarse. Entonces, empiezas a existir en un cuerpo etéreo, que no puede enfermarse, envejecer ni sentir dolor porque no es físico. Ese cuerpo etéreo puede incluso, por unos momentos, observar desde arriba el cuerpo físico que ha dejado inerte en esta tierra y que ya no le servirá más pues el alma en ese cuerpo nuevo está por partir hacia otra dimensión, hacia otro nivel de existencia donde podrá encontrar a seres que quiso mucho en esta tierra y que también han partido. Después, tendrá un encuentro con la fuente de la cual salió desde que inició su caminar por las diferentes dimensiones de la existencia. Esa reunión, que para nosotros es el encuentro con Dios, es la experiencia más maravillosa que te puedas imaginar. Mejor dicho, ni siquiera la podemos imaginar. Esa fuente excelsa de amor y sabiduría tomará a esa alma de nuevo como parte de ella y el alma permanecerá eternamente ahí. Y si está designada otra cosa, se nos enviará a existir en la dimensión que nos corresponda en el cuerpo etéreo que ya te mencioné. ¿Ves, Araceli? Por qué habrías de tener miedo. Esta vida, desde que naces hasta tu último aliento, es una prueba de aprendizaje y todos tenemos que tratar de pasarla lo mejor posible. El destino de todo ser humano es morir, o sea, entrar en esa transición y pasar a otra existencia, justo como cuando naciste. ¿Comprendes?

—Creo que sí. No tengo entonces nada que temer.

—Nada. Después de esta prueba tan difícil que estás pasando con éxito, lo único que puedes esperar es estar mejor, mucho mejor, tan dichosa, plena y amada como nunca lo has sido en esta vida.

—¿Y mis hijos?

—Nada malo pasará con tus hijos. Todos nacemos solos y morimos solos, lo que nos acompaña es nuestro indestructible nexo con la divinidad. Nadie es tampoco indispensable, Araceli. Cuando tú no estés presente físicamente, ellos continuarán sus vidas con toda la fortaleza e inteligencia que su origen divino les provee. Y todo el amor y cuidado que les diste, así como el ejemplo de valentía que en ti han visto, serán un gran acicate para vivir correcta y plenamente hasta que llegue su turno de partir.

Para cuando María Iluminada pronunciaba estas palabras, el entendimiento de Araceli era grande y pleno. Estaba tranquila y respiraba profundamente, sus ojos veían con admiración a su peculiar consejera.

Las dos continuaron hablando por unos minutos más. Al final de la consulta, María Iluminada le pidió un favor muy especial a Araceli. Después de escuchar la inaudita petición, quedó pasmada, lo pensó unos minutos y después respondió de manera positiva al deseo de aquella niña a quien le debía, lo que ella consideraba, el conocimiento más importante que alguien le pudiese haber transmitido en su vida.

Una Navidad muy especial

Llegó la víspera de la Navidad. Amaneció frío, pero a las 12 ya se sentía ese sol seco de los días de invierno.

—¿Cómo me queda esta falda, Betty? ¿No se marcan mucho las caderas de caballo que tengo? ¡Ay, qué horror, sí doy una mala imagen!

—Te ves bien, Yola. La falda es muy conservadora, ¿cómo podrías dar una mala imagen?

—Hay que tener mucho cuidado, Beatriz, es nuestro primer encuentro.

—Yo no lo tomo tan dramáticamente, hermana. Me pondré mi falda *beige* con la blusa rosa que ya he usado varios domingos para ir a la iglesia. La vestimenta no es lo importante.

—Bueno. A ver, dime, ¿qué tal así el pelo?

Yolanda se quitaba los tubos uno por uno y con la cabellera llena de bultos, que parecían olas de mar, se hacía crepé en unas partes y se peinaba otras para dejar su pelo corto, entre café y cano, con el peinado más elegante posible. Mientras tanto, Beatriz se ponía una falda *beige* encima del fondo color crema y, después, se abotonaba la blusa rosa de mangas largas y con discretos holanes al frente. Se puso sus zapatos negros, cerrados y de tacón bajo. Se peinó la corta y castaña cabellera hacía atrás, sin ningún artificio. Se perfumó y, por último, se pintó solamente los labios de color rosa pastel.

Una vez acicaladas, las dos hermanas cerraron con llave la puerta de su vieja casona y se dirigieron a la cena de Navidad más especial a la que jamás hubieran sido invitadas.

Después de caminar varias cuadras, decidieron tomar un taxi pues se dieron cuenta de que ninguna sabía dónde quedaba esa dirección. Al chofer le dieron el mismo papel que a ellas les fue entregado con las instrucciones para llegar.

Yolanda y Beatriz bajaron del taxi a una cuadra de distancia del número indicado. Yolanda le dio el bolso a su hermana menor para acomodarse la chalina negra con bordes brillantes, se arregló el peinado y sacando de su bolsa una barrita de metal dorado, se retocó los delicados labios en forma de corazón con color rosa clavel. Las dos otoñales damas se tomaron del brazo y caminaron garbosas con la presencia orgullosa de las hembras nunca tocadas, vírgenes, castas; con las mejillas rosadas y brillantes que no habían sabido nunca de maquillajes, conservando alguna candidez en la mirada y dejando a su paso un romántico aroma de magnolias como hacían las mujeres de otro tiempo.

—Buenas noches.

—Buenas noches, joven.

—Sí, ¿dígame?

—Venimos a pasar la Navidad con ustedes –dijo Beatriz con mucha pena y en una voz casi imperceptible.

—Disculpen, señoras, ¿las conozco?

De la parte superior de la casa llegó un apagado grito de voz ronca.

—¡Hazlas pasar, hijo!

El muchacho, por pena, no preguntó más y les dio la bienvenida.

—Pasen, pasen, por favor. Tomen asiento donde gusten.

Las dos hermanas veían maravilladas al muchacho y, disimulando, se sentaron en el sillón grande de la sala. El joven se disculpó y subió para cargar a su madre por las escaleras y depositarla en la silla de ruedas que su hermana venía bajando delante de él. Cuando por fin la estoica enferma estuvo frente a ellas, las dos temblaron, se inquietaron, se asustaron, se apenaron, no pudieron articular palabra, sólo abrieron los ojos tan grandes que parecían salirse de sus órbitas.

—Hola, Yolanda, hola, Beatriz.

—Linda, ¿qué te ha pasado?

—Mi nombre completo es Linda Araceli Ramírez, viuda de Santanera, y lo que me ha pasado es el tiempo o, mejor dicho, no me ha pasado, se me ha quedado. Estoy enferma desde hace seis años. Tengo cáncer, primero me dio en el pecho y ganglios, y después en varias partes del cuerpo.

—Así que cuando murió Eduardo ya estabas enferma –dijo compasivamente Yolanda.

—Sí, cuando murió tu hermano yo estaba luchando con fuerza por mi vida en las sesiones de quimioterapia. Y mira, fue él quien inició su viaje primero, sin enfermedad previa, sin aviso, muy joven. Sólo Dios sabe.

—Lo siento mucho, Linda…, Linda Araceli –dijo con timidez Beatriz.

—Gracias, Beatriz. Me da gusto que las dos estén aquí. No podemos terminar nuestro paso por este mundo sin haber puesto las cosas donde van, ¿verdad?

—Linda, digo, Araceli, ¿tú nos estabas esperando?

—Sí, yo sabía que vendrían hoy.

Las tres mujeres dieron por entendido de quién era obra esta importante reunión y no hablaron más del tema. Yolanda, que tenía tanto que decir, retomó la conversación.

—Linda Araceli, tengo que pedirte perdón…

—No, Yolanda, no es necesario, por favor.

—Déjame hablar, te lo ruego. Perdóname por las veces que los rechacé a ti y a Eduardo cuando vinieron a vernos.

Perdóname por dejarme manipular por mi madre y hacerles sentir mi desprecio, sin siquiera yo sentirlo. Perdóname por juzgarte sin siquiera conocerte a fondo. Perdóname por tantos años de indiferencia y resentimiento. Necesito tu perdón.

—Si necesitas oírlo para estar en paz, entonces escúchalo de mis labios: Te perdono desde el fondo de mi corazón, Yolanda. Aunque lo hago para complacerte porque en realidad yo no soy nadie para perdonar ni tengo nada que perdonarte.

Para este momento, Beatriz ya no podía contener el llanto y quedamente dejaba salir las mismas lágrimas que había derramado por tantos años añorando abrazar a Eduardo y a su familia. Se secó con su pañuelo bordado y se atrevió a decir:

—Yo también necesito que disculpes tantos años de ausencia, de cobardía. Yo nunca tuve ningún resentimiento hacia ustedes, al contrario, me moría por abrazarlos y decirles cuánto los quería y admiraba por haber sido capaces de defender su amor, su decisión, su autonomía. Perdóname por ser una cobarde, Linda.

—Te repito lo mismo que a Yola, si lo necesitas para estar tranquila, te perdono, Betty. Pero ya no quiero hablar de perdones, de errores, de resentimientos, no me queda mucho tiempo que digamos.

A estas alturas de la plática, los dos jóvenes, hijos de Linda Araceli, permanecían sentados boquiabiertos en las sillas del comedor. Por fin, la joven intrigadísima se atrevió a levantarse y, acercándose a la silla de ruedas de su madre, preguntó:

—¿Por qué te tenían resentimiento, mamá? ¿Quiénes son estas señoras? ¿Qué es lo que tanto te piden que les perdones? ¿De qué hablan?

Las tres mujeres se quedaron mirándose unas a otras. Araceli no sabía por dónde empezar, ni qué debía o hasta dónde se atrevería a contarles. Decidida a abrir el cofre de su vida ante sus hijos, dijo cuatro palabras.

—Hija, cuando era soltera...

Y en seguida fue interrumpida por Yolanda.

—Cuando tu madre era soltera, se enamoró perdidamente de un muchacho más joven que ella; ese muchacho pertenecía a una familia llena de prejuicios y traumas en la que cada uno de sus miembros, empezando por la madre viuda, todo lo juzgaban y lo criticaban desde una fantasiosa superioridad moral. Ese muchacho era Eduardo, tu padre. Tu abuela y yo no aceptamos nunca la unión de tus padres, por razones tan estúpidas como que tu mamá era mayor y que tu papá dejaría los estudios temporalmente. Así, los alejamos de nuestro hogar, sentíamos de manera equivocada que tu mamá nos había robado al único varón de la casa. No los dejamos vernos, aunque tu papá lo intentó muchas veces, ni nosotros hicimos nada por buscarlos en años, tantos años que ustedes nacieron y crecieron. Mi hermano amó, formó su familia y hasta murió sin que nuestros corazones se doblegaran forrados con una gruesa capa de soberbia y resentimiento. Beatriz, tu tía, siempre se mantuvo al margen de todo, pero nunca la dejamos venir a visitarlos. Es por eso que pedimos perdón, porque tu abuela murió equivocada y ni Beatriz ni yo queremos vivir, ni morir equivocadas.

Araceli sabía que Yolanda acababa de indicarle con sus palabras hasta dónde debía contar de su vida para no herir, para no destruir el interior de sus hijos.

—Andrés, ven, hijo.

Andrés y Ara permanecían parados detrás de la silla de su madre.

—Abracen, por favor, a sus tías Yolanda y Beatriz, hermanas de su padre. Hoy nos hemos reencontrado. Hoy se ha acabado un largo tiempo de ausencia y separación. Ellas son su familia y estoy segura de que los aman mucho y ustedes llegarán a quererlas también.

Los muchachos se quedaron pasmados por unos segundos, totalmente confundidos, pero la mirada expectante de su madre los hizo reaccionar. Entonces, abrazaron de manera efusiva a las dos hermanas que ahora estaban de pie, llorando a mares.

Después de ese momento, la casa de la familia Santanera Ramírez era una más en la que sus integrantes platicaban con amenidad, y donde había risas y música. Y después, hubo abrazos, una rica cena, buenos deseos y el inicio de una relación de sangre que sería una bendición para los dos jóvenes cuando su madre tuviera que partir.

Una fiesta magnífica

—Efrén, tenemos que organizarnos muy bien porque este año se nos vienen varios gastos importantes.

—¿Como cuáles, mujer?

—¿Cómo que cuáles? Pues la graduación de la preparatoria de Efrén chico, la ampliación de la cremería y la fiesta de cumpleaños de María Iluminada, que es lo más próximo –le decía entre preocupada y emocionada Rosario a su esposo mientras cenaban un chocolate bien caliente con pan dulce.

El año nuevo les traía prosperidad con sus dos negocios y tres hijos en plena adolescencia, cada uno luchando por su destino. Efrén chico empezaría ese año su carrera de abogado; Chayito, en el segundo año de bachillerato cambiaba de novio como cambian las estaciones; y la más pequeña, María Iluminada, continuaba con su misión día tras día. El número de personas que acudían a ella era cada vez mayor, pues ahora llegaban también de las colonias aledañas y algunos, que recibían la recomendación, se dejaban venir hasta de rumbos muy lejanos de la ciudad.

—Pues el gasto fuerte va a ser lo de la cremería, porque ¿cuánto puede ser del festejo de graduación? y tampoco creo que hacerle una fiestecita a la niña sea muy costoso.

—No, es que no va a ser una fiestecita, Efrén. La niña no ha tenido una celebración de su cumpleaños desde que cumplió cinco años, sólo reunioncitas familiares. Seguro te acuerdas, dejé de hacerle fiestas por como me ponía yo cuando los invitados la empezaban a criticar por chiquita y por su color azulado.

—Bueno, pero nunca le ha faltado su pastel.

—Sí, los cinco solitos en el comedor. ¡Eso no es una celebración! Quiero que este año que cumple 14 le hagamos una fiesta grandota en la parte de atrás de los locales. Ahí hay muy buen espacio. Con música, baile, mesas adornadas y muchos invitados. Y no sólo con la familia, quiero que vengan varios de sus encargados. ¡Esa gente la quiere tanto!

—No te va a dejar hacerla, mujer, a ella no le gustan los alborotos.

—Esta vez sí va a querer porque yo le voy a pedir como un favor muy especial que me deje celebrarla.

Jalando cada quien para su lado sin llegar a discutir, Rosario impuso su voluntad y acordaron preguntarle a su hija menor al respecto. Al otro día, mientras María Iluminada despedía cariñosa a uno de sus encargados, Rosario repasaba en la mental cómo le iba decir acerca de la gran fiesta.

—Qué extraño que no haya alguien esperando. ¿Verdad, mi niña?

—Está bien, no hay problema, mamá, así te ayudo a guardar el pedido que llegó.

—Oye, hija, ya viene tu cumpleaños.

—Sí, mami.

—Y es el número 14, y tú naciste un día 14.

—Sí, mami.

—¡Uy! Desde que cumpliste cinco años no te he vuelto a hacer una fiesta.

—Sí, como no, cada día 14 de febrero pones globos con serpentinas en la casa y me compras mi pastel. Me das un regalo, y otro Chayito, y otro Efrén. A veces, vienen mis abuelos.

—Pero eso no es una fiesta de verdad.

Rosario dejó lo que estaba haciendo y jaló a su hija de la mano para que se sentara junto a ella en las sillas de la mesa de tejido.

—María Iluminada, yo tengo muchas ganas de hacerte una fiesta grande ahora que cumples tus 14 años. Con música, baile, mucha comida y también muchos invitados; había pensado no sólo en la familia sino en los encargados que tú quieras que vengan.

Rosario esperó temerosa la respuesta de su hija. La niña se le quedaba viendo a los ojos con una inmensa ternura mientras el silencio se hacía largo. María Iluminada la tomó de la mano, la besó y le dijo:

—¡Qué buena idea, mamá! Muchas gracias. Estoy segura de que va a ser un día muy hermoso para las dos.

Rosario no podía creer lo que oía pues sabía bien de la reticencia de su hija a todo lo que fuera halagarla.

—¡Gracias, mi niña! Muchas gracias, yo sé que lo estás haciendo por mí.

—En esta ocasión te equivocas. Yo también deseo mucho esa celebración.

—¿Y por qué ahora sí? Si nunca has querido fiestas, te incomoda estar entre mucha gente.

—Nada es permanente, mamá, recuérdalo. Ahora anhelo que llegue ese día. Por favor, tú arréglalo todo yo no puedo distraerme de mis encargados.

Rosario estaba más que dichosa. Esa misma noche planeó con Efrén la distribución de los invitados en la parte trasera de los locales, la comida, la música; pensó en quiénes serían los invitados. Todos los detalles importantes los anotaba emocionada en una libreta mientras su esposo, tranquilo, daba algunas ideas que ella descartaba. Él sólo la dejaba ser feliz.

Durante todo lo que restaba del mes de enero y las dos primeras semanas de febrero, los preparativos para la fiesta de María Iluminada eran el tema de conversación todas las noches durante la cena.

—Mamá, ya es tiempo de que llevemos a mi hermana para que escoja su vestido.

—Ay, sí es cierto. ¡Se me estaba olvidando! Hija, vamos mañana por la tarde al centro de la ciudad, después de comer. Así Chayito y yo también nos compramos el nuestro. Todas tenemos que estrenar.

—¿Qué color te gustaría, hermanita?

—Blanco, muy blanco.

—¡Pero va a parecer que estás haciendo tu primera comunión o tu confirmación!

—No importa, Chayito, yo quiero usar un vestido blanco.

—Déjala, Chayo, ella es la festejada. Que escoja el vestido que le guste.

Los dos Efrenes mejor se quedaban callados y se comían todo el pan dulce. Ésas eran cosas entre madre e hija.

El día siguiente por la tarde ya estaban la orgullosa madre y su hija mayor probándose vestido tras vestido en las tiendas de ropa de la avenida principal del centro de la ciudad. María Iluminada los veía melancólica a través de los cristales de los aparadores, pero no quería probarse ninguno, decía que cuando lo viera ella sabría cuál era el indicado.

—¿Estás triste, mi niña? ¡Vamos, pruébate algunos!

—No, mami, no estoy triste.

—Te veo la mirada extraña. ¿Pasa algo, mi niña, quizá con tus encargados?

—No, mami, te estás imaginando cosas. ¡Ése es!

—¿Cuál?

—Ése, mamá, el blanco con encaje en las mangas.

Chayito miró el vestido, lo analizó y le dijo a su hermana:

—Está bonito, María Iluminada, pero, ¿no te gustaría uno más destapadito, más coqueto? Ya vas a cumplir 14 años. ¡En la fiesta va a haber varios muchachos!

—No, Chayito, ése me gusta. Y no me interesa conocer muchachos.

Los vestidos, zapatos y demás ajuares se compraron. La organización del evento marchaba viento en popa. Chayito llegó a comentar que parecía la fiesta de 15 años de María Iluminada, que era curioso que a su mamá se le hubiera metido la idea de que fuera cuando su hermana cumplía los 14.

Empezando febrero, Rosario notó que el número de encargados que llegaban a la mercería aumentaba de manera considerable. Las sillas de la primera mesa de bordado estaban siempre llenas y ahora también las de la nueva mesa. Se puso a analizar que no era que hubiera muchos más, sino que los que venían una vez volvían a venir dos o tres más en la misma semana.

—¿Hija, don Andrés no vino el lunes a platicar contigo?

—Sí, mami.

—Entonces, ¿por qué vino otra vez hoy?

—Porque hay mucho que hablar.

—Varios de tus encargados están viniendo seguido, ¿no?

—Sí, mami, yo les pido que vuelvan porque no les ha quedado claro lo que quiero que comprendan.

Muchas veces, Rosario quedaba desconcertada con las respuestas de su hija, así que decidió no preguntar nada más y seguir concentrada en la fiesta que ya estaba en puerta.

El jueves 12 de febrero, después de la cena, María Iluminada se acercó a su madre para platicar. Se paró justo detrás de ella en la cocina mientras Rosario terminaba de lavar los trastes. Se quedó inmóvil observándola por varios minutos, en silencio, hasta que la pobre mujer saltó del susto cuando al voltearse se topó de frente con la niña.

—¡Hija, me asustaste!

María Iluminada sonrió.

—Perdóname, mamá. Es que quería verte de cerquita sin que te dieras cuenta. ¿Sabes que eres muy bonita?

—Ay, hija, qué cosas dices.

María Iluminada tomó de la mano a su mamá y después se abrazó a ella con mucha fuerza.

—De veras, mamá, eres un alma muy hermosa, como la tuya hay pocas.

—Ah…, pensé que te referías a mi aspecto, ya te iba a decir que eso fue hace muchos ayeres.

—También eres linda por fuera, sin embargo, yo hablo de tu interior.

La niña jaló a su madre hacia un sillón de la sala y ya sentadas continuó:

—Mami, te he hecho la vida pesada con el cumplimiento de mi misión, ¿verdad?

—No, para nada, mi niña.

—Yo sé que no ha sido fácil ver el cuerpo de tu hija desarrollarse lentamente, lidiar con su enfermedad y, sobre todo, entender que no va a la escuela ni piensa en muchachos como las otras niñas.

—No, hija, no digas eso. Ya te estás desarrollando muy bien, y como te operaron, ya no estás enferma. De lo otro, pues yo no te iba a obligar a hacer lo que todos hacen si no era lo que tú querías y, además, si alguna duda tuve cuando me hablaste de tu labor, se disipó muy pronto cuando fui testigo de cómo te busca la gente y cómo hablan del cambio en sus vidas. Qué mejor prueba para mí de que no tengo por qué interferir sino apoyarte.

—Gracias, mamá, por tu ayuda, tu fortaleza, por creer en mis palabras.

—Nada tienes que agradecer, hija. ¿Eres feliz?

—Mucho, mamá.

María Iluminada abrazó a su madre con tanta vehemencia que casi la tira del sillón. Los grandes ojos de Rosario se llenaron de lágrimas. Lágrimas de complicidad, de ternura, de alegría.

❧

El gran día llegó. Todo estaba dispuesto. Lo que había sido el establo, del que Efrén mantenía a su familia, ahora era la parte trasera de la cremería Chayito y de la mercería María Iluminada, una especie de gran patio con piso de cemento y paredes bien aplanadas pintadas de blanco. Rosario se había encargado de que se instalaran 20 mesas para 10 personas cada una. Había 200 invitados, entre los que se encontraban familiares, amigos de los muchachos y un buen número de encargados. Las mesas estaban decoradas con mantelitos dorados superpuestos en manteles blancos y largos con exquisitos arreglos de rosas blancas en el centro. Las sillas, adornadas con funda blanca y moño dorado, terminaban de darle una vista alegre y elegante al lugar.

Los invitados empezaron a llegar desde la una de la tarde. Vistiendo sus mejores galas, parientes, amigos y encargados saludaban a Efrén al entrar por el zaguán.

—Buenas tardes, don Efrén.

—Buenas tardes, bienvenidos, pases, pasen.

—¿Dónde nos sentamos?

—Donde gusten, no hay lugares apartados para nadie.

Por sentido común, nadie se sentaba en la mesa que quedaba al centro del patio, frente a lo que se designó como pista de baile. Una mesa larga para cinco personas donde Rosario decidió que sería el lugar para la festejada y su familia.

Para las tres de la tarde, el lugar estaba a reventar pues muchos encargados, a pesar de no haber sido invitados, se dieron cita en el lugar, no para comer, ni bailar, solamente para ver a María Iluminada vestida de gala en su cumpleaños. Entre los que sí habían sido invitados estaban: Federico y Raquel con sus hijos, las hermanas Yolanda y Beatriz Santanera, y hasta Araceli en su silla de ruedas, acompañada de Ara y Andrés. Rosario, asomada por la ventana de la mercería que daba para el patio, le decía a su hija:

—Ya, mi niña, ya sal. Si no sales, no puede empezar la música, ni podemos servir la comida.

—Ya voy, mamá, ya voy.

María Iluminada permanecía sentada en una de las sillas de su bodeguita, con los ojos cerrados y las manos juntas presionando sus labios, como en oración.

A las tres con 15 minutos salieron la niña junto a su madre por la puerta trasera de la cremería. La mayoría de los invitados se puso de pie y aplaudió con gran alegría y entusiasmo. María Iluminada y su mamá se sentaron en la mesa central donde ya los esperaban Chayito y Efrén chico. Efrén padre les pidió el micrófono a los muchachos del grupo, quienes ya se encontraban listos para tocar instalados arriba de la tarima que se había mandado colocar justamente para la ocasión.

—Gracias, amigos, familiares y encargados de mi hija María Iluminada. Su presencia es un honor para nosotros en este día tan especial. Sí, la mayoría han de estar pensando que parecen los 15 años de mi hija menor, pero no, son sus 14. No sé por qué a mi esposa se le ocurrió que este año debía de hacerle una buena celebración a la niña, ella así lo sintió y yo pienso que las madres siempre saben lo que hacen –hablaba Efrén conmovido.

Y volteando su mirada hacia su hija continuó:

—Hija, sólo quiero decirte que ha sido para mí un gran reto criar a una niña tan especial como tú, que he aprendido más yo de ti que seguramente tú de mí. Que te deseo muchas bendiciones en tu vida y que todos en la familia estamos muy orgullosos de tenerte entre nosotros.

En ese momento, los ojos del orgulloso padre estaban humedecidos y decidió terminar ahí su discurso:

—No más palabras porque ya esperaron mucho, así que otra vez, ¡bienvenidos y venga la música!

Así comenzaron a sonar los acordes de melodías suaves y clásicas. Como ya era tarde, los meseros empezaron de inmediato a servir a la concurrencia los vastos platos de mole con arroz, frijoles, tortillas y los refrescos con mucho hielo. Hubo para todos. Los sentados y los parados. Las blancas servilletas quedaban pronto manchadas con la apetitosa mezcla de chiles y especias. La música iba cambiando de ritmo conforme avanzaba la comida. Ahora sonaba mambo, rocanrol, chachachá y alguna que otra melodía disco, que era la moda de los jóvenes.

María Iluminada observaba tranquila mientras los invitados pasaban a darle un abrazo a su mesa. La fila para felicitarla era larga y, por demás, heterogénea. Terminando los abrazos, Efrén y Rosario bailaban jubilosos al compás de un danzón.

—Me gustaría bailar con mi hija.

—¡Uy, te va a mandar a volar, Efrén! A ella no le gustan estas cosas. Yo sé que accedió a tener su fiesta sólo por complacerme.

—Yo la veo muy contenta, lo voy a intentar.

Efrén acompañó caballerosamente a su esposa hasta la mesa y, acercándose a su hija menor, le dijo:

—Hija, ven a bailar una pieza con tu padre. ¡Una sola!, por favor.

Rosario y Chayito esperaban ansiosas la respuesta de María Iluminada.

—Sí, papá, con mucho gusto. Nunca he bailado en mi vida, pero ahí tú me vas guiando.

Efrén, con una sonrisa en los labios, la tomó de la mano para pasar a la pista e irla llevando al vaivén de un cadencioso *bossa nova*.

—Papá, muchas gracias por esta fiesta, pero, sobre todo, muchas gracias por haber entendido cuál era mi misión en la vida.

—No me agradezcas nada, hija. Yo debería pedirte una disculpa por haberme tardado tanto en comprender que Dios me mandó un ser muy especial que cuidar y que mi deber era ayudarlo a realizarse a su manera.

—Por favor, déjame agradecerte por tantas cosas, papá. Por tu esfuerzo y tu desgaste que se vuelve el pan que me alimenta o la ropa que me viste cada día. Por el amor con que cuidas de tu familia. Por tanto, que no voy a acabar. Nunca dudes de mi cariño.

Efrén no pudo evitarlo y ahora sí sentidas lágrimas rodaron por sus mejillas. La pieza terminó y acompañó a la niña para que se sentara frente a su gran pastel. Era la hora de partirlo. El grupo cantó *Las mañanitas* y los más de 200 invitados lo hicieron lo mejor entonados que pudieron. María Iluminada tenía las mejillas encendidas y sus tiernos ojos oscuros estaban a punto de soltar una lágrima. El pastel se partió y se distribuyó entre los invitados. El aire se llenó de música de nuevo y la alegría, el gozo y una vibrante energía inundaban a todo ser presente. Aun cuando Efrén se había prevenido con algunas botellas de brandy y tequila, no hubo nadie que pidiera una gota de alcohol. Este júbilo no era fruto de humores etílicos, se debía a una dicha que venía de adentro de cada uno de los presentes.

Cuando la celebración estaba en su apogeo, don Andrés, dueño de la peluquería más concurrida de la colonia, interrumpió al grupo y algo le dijo al cantante que éste le entregó convencido el micrófono.

—Perdonen la interrupción, pero yo no quería dejar que terminara la fiesta sin decirles a todos lo que para mí significó conocer a María Iluminada y cómo cambió mi vida para bien.

Don Andrés empezó a relatar su historia incluyendo la esencia de las pláticas que tuvo con la niña además de múltiples halagos y agradecimientos. Cuando María Iluminada lo escuchó, en principio sintió una gran incomodidad y hasta enojo. Se paró inmediatamente de la silla y jaló del brazo a su padre hasta la puerta de la mercería. Ahí estuvo hablando con él por unos minutos con la cara roja y los ojos brillantes de ansia. Para ese momento, ya se había formado una larguísima fila de encargados dispuestos a hablar de su experiencia y dar sus agradecimientos. Siguiendo las instrucciones de su hija, Efrén le pidió el micrófono a don Andrés y habló muy claro.

—Amigos, María Iluminada les agradece mucho su noble intención, pero les pide encarecidamente que no relaten las pláticas que tuvieron con ella, ni den su nombre, ni detalles particulares de sus vidas. Tampoco desea que la halaguen o le agradezcan en público. Quien desee hablar sólo diga en breves palabras lo aprendido, para que el comentario pueda ser de utilidad a los que están escuchando. Gracias.

Se hizo un largo silencio en el patio. La silla de María Iluminada estaba vacía. La niña lloraba recargada en la mesa de su bodega. Se sentía culpable por frenar la espontánea manifestación de sus encargados, pero no quería que la fiesta se convirtiera en un espectáculo donde se mancillara la espiritualidad de su labor, ni la privacidad de las pláticas que había tenido con cada persona que había acudido a ella y que, además, se diera ejemplo de soberbia y egoísmo con tanta gente reunida llenándola de adulación y lisonjas. Sin tener otra alternativa, pues la gente estaba expectante, Efrén entregó el micrófono a la señora Irene, administradora de un condominio cercano a los locales.

—Dejé de hacerme cargo de otros adultos que robaban todo mi tiempo libre y mi energía. Aprendí a quererme y me di cuenta de que al cuidarlos como si fueran niños, sólo los hacía unos irresponsables.

—Aprendí que mis múltiples miedos se debían a mi falta de fe. Ahora hago lo mejor que puedo y lo que no, se lo dejo a Dios.

—Aprendí a llevar mi enfermedad crónica con dignidad. Dejé de quejarme y aprendí a ser valiente. Y, al aceptarla, se volvió la chispa que prendió mi vida espiritual.

—Acepté que mi drogadicción y alcoholismo eran evasiones para mi dolor. Aprendí a enfrentar los traumas de mi niñez y a manejarlos por medio del perdón y el autoconocimiento.

—Mi depresión de años se acabó cuando dejé de reprimir mi derecho a decir lo que siento.

—Me di cuenta de que chismear con todos y de todos sólo era una forma de no enfocarme en mí. De no enfrentar mis problemas ni conocerme realmente.

—Aprendí que la muerte de mi esposo no fue su final, que sólo fue su cuerpo el que se volvió cenizas, que su alma es eterna y ahora vive en una dimensión a donde yo podré ir cuando deje también este cuerpo.

—Me di cuenta de que la mejor forma de curar el dolor es dar amor a los demás, que la misericordia, expresada en forma de ayuda, apoyo, honestidad, generosidad y amabilidad, nos lava el sufrimiento.

—Se acabó mi angustia cuando aprendí que yo valgo por mí mismo, por la parte divina que hay en mí.

—Aprendí a dar sin esperar nada. Y que hay leyes universales que nadie puede evadir, como ésa. Lo que das, recibes; no hay error ni excepción.

—Dejé de alimentarme de rencor por las cosas pasadas. Aprendí que sólo este momento importa porque es el único que existe. El pasado ya se fue y el futuro ya no me causa angustia porque tampoco existe.

—Ya no espero que los demás actúen o hablen como yo quiero, eso sólo me creaba resentimientos. Acepto a las personas como son, mientras no sean tóxicas para mí.

—Dejé de odiarme cuando aprendí que la opinión que los demás tienen sobre mí es problema suyo, no mío. Ahora me siento bonita, bondadosa e inteligente, y lo soy.

—Dejé de alborotarme como loca cuando algo bueno me sucedía y luego a desesperarme también cuando las cosas iban mal. Ahora sé que todo es transitorio, que todo cambia y que el ser humano sabio conserva la calma en ambas situaciones.

—Ya no me aferro a nada ni a nadie, porque esa actitud sólo me creaba sufrimiento. Las cosas y las personas pasan por nuestras vidas sólo por cierto tiempo y así lo he aceptado con alegría y paz.

—Cuando dejé de juzgar, me sentí más tranquila. Como que mi mente se cansaba y me sentía ansiosa. Ahora veo, oigo y no le permito a mi mente que enjuicie.

—Ya no dejo que la culpa me destruya. Los errores cometidos en el pasado me sirvieron para aprender. Basta con tener la firme intención de mejorar y llevarlo a cabo. Ya no tengo nada de culpas.

Conforme cada uno de los encargados de la larga fila se expresaban al micrófono y María Iluminada los escuchaba hablar con sensatez, su rostro iba volviendo a ser el mismo que todos conocían: dulce y luminoso. Volvió a su silla de la mesa central y escuchó atentamente hasta el último de los testimonios. Al terminar el último, se escuchó un gran aplauso e, inmediatamente después, la música volvió a sonar, el baile se reanudó y el mágico ambiente continuó por horas.

><

La fiesta terminó alrededor de las 10 de la noche. Efrén le pidió a Jaimito que se encargará de que el patio quedara limpio para el día siguiente pues era domingo y él pensaba descansar todo el día.

María Iluminada y su familia fueron los últimos en retirarse. Iban llenos de los regalos que había recibido la cumpleañera.

—¿Te gustó tu fiesta, mi niña?

—Mucho, mamá. Muchas gracias. Gracias, Papá –contestó la niña.

Chayito continuó la plática.

—Me quedé impactada con las palabras de tus encargados, hermanita. No tenía idea de cuánta importancia tiene lo que haces y cómo mejora la gente.

María Iluminada no quería hablar del tema otra vez y sólo respondió:

—¡Ya tengo mucho sueño!

Todos entendieron que debían callarse y, además, estaban tan cansados que nadie tenía realmente ganas de hablar. Llegaron a la casa, se dieron las buenas noches y se retiraron a sus habitaciones. Ya estaban todos dormidos cuando Rosario todavía se estaba lavando los dientes. De pronto, María Iluminada entró al baño, abrazó a su madre y le dijo:

—Gracias por todo, Rosario.

—¿Rosario? Desde cuándo me dices Rosario, mi niña. Como que no me gusta. Está mejor mami o mamá, como siempre me has dicho.

La niña seguía abrazada con vehemencia del cuello de su madre. Entonces, Rosario la escuchó sollozar.

—¿Qué te pasa, mi niña? ¿Qué tienes?

—No, nada, mamá. Es que me dieron ganas de llorar de alegría de haber llegado a este mundo a través de alguien como tú. Mi cómplice, mi amiga, mi protectora. Gracias, Rosario, muchas gracias, te amo eternamente.

—Me has agradecido tanto estos últimos días, hija, que siento que no lo merezco. Y ya no me diga Rosario, señorita. ¡Ándele, ya, váyase a dormir que me va a hacer llorar a mí también! Y quítese ese vestido que ha de estar muy incómoda.

María Iluminada la tomó de las mejillas con sus dos blancas y pequeñas manos. La miró de manera tierna y profunda. Rosario alcanzó a notar un brillo especial y diferente en la mirada de su hija. Los vellos se le pusieron de punta cuando recordó que era el mismo brillo de cuando vio esos ojos por primera vez 14 años atrás en los cuneros. La niña la besó en la frente y se retiró a su recámara a descansar.

Un extraño olor a flores

Es la mañana del domingo 15 de febrero. Todos durmieron más de lo acostumbrado, quizá por las emociones vividas durante la fiesta. Rosario es la primera en levantarse y va a la cocina por un café para acabar de despertar. Cuando está dando el primer sorbo, siente una necesidad incontenible de entrar a la habitación de su hija menor. Abre la puerta y, de pronto, se escucha por toda la casa el sonido de una taza de barro rompiéndose en mil pedazos. Rosario se acerca a María Iluminada y la encuentra acostada sobre la cama sin deshacer, con su vestido blanco puesto, las manos juntas sobre el pecho y una pacífica expresión en la cara, casi como esbozando una sonrisa.

—¡Efrén, Efrén!

Grita Rosario a su marido, quien despierta inmediatamente y, en unos segundos, se encuentra junto a su esposa en la recámara de la niña.

—¿Qué pasa, mujer? Me has asustado.

—¡La niña, Efrén, la niña!

—¿Qué tiene? Está dormida.

—¡Vela, acércate y tócala! ¡María Iluminada no está dormida, Efrén!

Efrén se acerca con pánico al cuerpo de su hija, le toca el pulso. No hay. Trata de escuchar el latido de su corazón. No se escucha. Estalla en llanto sacudiendo lo que él cree que es María Iluminada. Pero ella ya no está ahí. Rosario observa el delicado cuerpo de la niña sin vida, enfundado en el vestido de encaje blanco. En seguida, vienen a su memoria las palabras que su hija le dijo enfáticamente aquel día en la playa cuando apenas tenía cinco años:

"No tengas miedo de perderme, pues cómo podrías perderme si no soy tuya"; "Deja de preocuparte por mí, mi cuerpo estará vivo el tiempo que tenga que estarlo"; y, después, las frases que le repitió muchas veces a lo largo de su corta vida terrena: "La misión de cada ser humano es diferente" y "estarás aquí el tiempo que dure tu misión, después existirás en otra dimensión espiritual".

De los grandes ojos de Rosario brotan lágrimas calladas. Ahora, comprende por qué su hija le agradeció tantas veces, tantas cosas, en los últimos días. Ahora comprende por qué le dijo con insistencia cuánto la quería, en los últimos días. Rosario se lleva la mano izquierda a la boca en señal de asombro. Ahora entiende por qué aceptó que celebraran su cumpleaños de esa manera y pidió que se invitara a sus encargados. Ahora entiende por qué bailó con su padre de manera tan cariñosa. Ahora entiende por qué lo último que le dijo fue: "Mamá, te amo eternamente". Ahora acaba de entender que María Iluminada estaba lista para iniciar su viaje.

⇒⇐

Aun cuando Efrén se niega de forma definitiva, Rosario insiste en que el cadáver de María Iluminada sea velado en su propia casa. A la velación asisten todos los familiares, amigos y cientos de encargados. En la sala se encuentra el blanco ataúd que resguarda el frágil cuerpo de la niña. La casa está llena de toda clase de flores blancas en decenas de arreglos de todos tamaños. Algunos familiares y amigos lloran; entre ellos, Efrén grande, Efrén chico y Chayito. Los encargados, curiosamente, están tranquilos y han venido vestidos de blanco. Rosario se siente fuera de este mundo como si su hija la hubiese llevado con ella a un lugar donde no hay dolor, donde se es pleno, sabio y muy feliz.

A pesar de que Efrén insiste en que el lunes por la tarde es tiempo de sepultar el cuerpecito de su hija, Rosario se opone pues siguen llegando encargados a verla. El médico que operó el corazón de María Iluminada intenta convencerla diciéndole que el proceso de descomposición ya se ha iniciado y que pronto el olor será desagradable, y remarca lo poco higiénica que es la situación para los presentes. Rosario no lo escucha.

>€

El cuerpo de María Iluminada fue velado durante una semana en la sala de su casa. Incluso cuando los arreglos ya se habían retirado, la casa seguía impregnada de su penetrante aroma. Ante el asombro del médico, el cuerpo de la niña permanecía intacto, tibio, sin olor alguno que no fuera el de las flores. El siguiente lunes salió el cortejo rumbo al sepulcro. El olor a flores llenaba las calles por donde pasaba el ataúd de María Iluminada.

Ese olor permaneció durante mucho tiempo en la colonia y, poco a poco, se fue desvaneciendo. Lo que nunca desapareció fue la huella que esta singular criatura dejó en sus encargados, quienes la pasarían, a su vez, a la siguiente generación y ésta, a la otra y a la otra, haciéndose una cadena interminable de conciencia y de conocimiento acerca de una nueva forma de vivir.

terminó de imprimirse en 2019
en los talleres de Edamsa Impresiones, S.A. de C.V.,
Avenida Hidalgo 111, colonia Fraccionamiento
San Nicolás Tolentino, alcaldía Iztapalapa,
09850, Ciudad de México.